학술논문 서지기술 시리즈 Ⅵ

Vancouver Style

- 주·참고문헌 -

김남석, 이영철 편저

계명대학교 출판부

2006

학술논문 서지기술 시리즈 VI

Vancouver Style

인쇄 | 2006년 8월 20일
발행 | 2006년 8월 25일
편저자 | 김남석, 이영철
펴낸이 | 이진우
펴낸곳 | 계명대학교 출판부
704-701 대구시 달서구 신당동 1000번지
전화 053-580-6233 팩스 053-583-5213
등록 | 1970. 9. 1. (신고번호 제347-1998-1호)
ISBN 89-7585-368-3 93000
값 6,000원

서 문

Vancouver Style은 생의학 학술지의 투고를 위한 '통일양식(Uniform Requirements for Manuscripts Submitted to Biomedical Journals)'이다. 이 Style은 1978년 종합의학학술지 편집인 몇 사람이 캐나다 밴쿠버에서 비공식 모임(Vancouver Group으로 명명)을 갖고 학술지에 투고하는 원고의 형식과 지침을 만들고, 미국국립의학도서관(NLM: National Library of Medicine)이 개발한 참고문헌 형식을 포함시켜 1979년에 '통일양식'으로 출판한 것이다.

Vancouver Group은 국제의학학술지편집위원회(ICMJE: International Committee of Medical Journal Editors)로 확대 개편하여 매년 모임을 갖고 관심영역을 넓혀가고 있다. '통일양식'은 1997년에 생의학 학술지 투고를 위한 저작권, 사생활 보호 등 윤리적인 원칙을 포함하여 전면적으로 개정되었고, 1999년 5월, 2000년 5월에 각각 조문을 확장하였으며, 2001년 5월, 2003년에 조문을 개정하였다. 그리고 위원회에서는 '통일양식'의 사용을 동의한 학술지는 1997년의 개정판을 인용하여야 한다는 권고안을 제시하고 있다.

'통일양식'은 생의학 학술지에 투고하는 원고가 갖추어야 할 형식과 지침에 관한 사항에 많은 원칙을 할애하여 투고전 고려사항으로 중복 또는 이중 게재, 이차 출판이 허용되는 경우, 환자의 인권과 사생활 보호 등을 규정하였고, 투고시 요구되는 형식과 지침에서는 원고 작성시 요구되는 기술적 사항과 형식을 별도사항으로 상호심의의 정의, 편집권의 자유와 영역 확보, 이해충돌 등 저자, 심사자, 편집인과의 관계에서 일어날 수 있는 모든 상황을 정리하여 구성하였다.

그리고 본 자료에서 다루고자 하는 참고문헌에 관한 사항은 상기한 내용의 일부로 41개의 항목으로 서지기술방법을 표준화하고 있다. Vancouver Style은 미국국립의학도서관이 데이터 구축을 위하여 만든 ANSI(American National Standards Institute) 표준체제를 채용하고 있다.

본서는 Uniform Requirements for Manuscripts Submitted to Biomedical Journals:

Writing and Editing for Biomedical Publication (Updated May 2000; October 2005; Feb 2006. http://www.icmje.org/index.html)을 원본으로 하고, 그 밖의 BMA(British Medical Association, 2004); Annals of Internal Medicine, by The American College of Physicians; The University of Queensland, Australia; Monash University; Griffith University; Bond University 등의 Vancouver Style에 대한 서지기술을 참조하였다.

내용의 구성은 연구자들에게 주로 많이 적용될 수 있는 영어자료, 한국어자료 및 일본어자료의 서지기술에 관한 사항을 본문의 참고번호 부여의 형식과 해당 참고문헌을 함께 예로 제시하여 그 관계를 이해하기 쉽게 하였고, 그리고 참고문헌을 위해 사항별로 기재형식을 도식하고 설명을 부가하였으며, 또한 해당되는 참고문헌의 예는 한국어자료와 일본어자료의 경우 한국어와 일본어 형식에 영어형식을 나란히 제시하고 차이점과 기재형식을 보다 상세히 알 수 있도록 설명을 부가하였다. 그러므로 Vancouver Style을 채택하고 있는 학회나 대학원에서 학술논문과 학위논문을 작성하는 연구자들에게는 필수의 자료가 될 것이다.

이 자료가 나오기까지는 여러 분의 많은 도움으로 가능할 수 있었다. 먼저 계명대학교 대학원의 논문형식의 일관성을 위해 필자가 주관하여 발행한 **학술논문작성법** 제정에 함께한 오동근, 방대욱, 이승희, 김수경 교수님께 감사드리고, 편집에 애써준 출판부 관계자와, 교정을 위해 수고한 동산도서관 조현길 선생님, 경영대학원 조도희 선생님에게 감사의 뜻을 전한다.

2006년 8월

편 저 자 識

차 례

VIII. 특수자료 ▸ 55

IX. 표(Table) 및 그림(Figure) ▸ 63

I. 주 번호 및 참고문헌

1. 주 번호 매김

논문의 주 번호 매김은 아라비아 숫자를 ( )로 표시하는 방법을 규칙으로 정하고 있지만 학회의 투고규정에 따라서는 위첨자 방법으로도 사용되기 때문에 본 자료에서는 두 가지 방법의 사용 예를 제시하였다.

1) 괄호 내의 숫자표시 방법

■ 주의 번호를 내용에 포함된 인명에 붙인 경우

백용환(1)은 … ←한국어나 한자로 기재하는 동양인명은 성과 이름을 완전명으로 기재

←한국어 문장의 주 번호는 ( )로 단어에 붙여서 기재

곽미선과 함기백(2)은 … ←한국어 문장에서 2인 공저자명은 인명과 인명 사이를 '와(과)'로 기재

이권화 등(3)은 … ←한국어 문장에서 3인 이상 공저자는 '처음 저자명 등(주 번호)' 형식으로 기재

장태원(4,7)은 … ←한 사람의 두 개 저작 이상의 동시인용은 주 번호를 ','로 구분 기재

…이다(1,5-7,9). ←문장 끝의 주 번호는 '(주 번호)마침표'의 형식으로 기재

"보호효과는 엽산을 충분히 섭취하는 사람에게서만 나타난다"(10). ←인용부호가 있는 문장은 인용문장의 끝에 주 번호를 기재

성서에 나타난 빵에는 "수고의 빵"(11), "눈물의 빵"(12), "거짓의 빵"(13), "불의의 빵"(14), "생명의 빵"(15)이 있다. ←연속 단어의 주 번호는 '인용부호(주 번호)콤마'의 형식으로 기재

물분자의 공급은 지하 뿌리인 '근권, 지하경, 근계'(16), 그리고 토양 입자의 '알갱이'(17) 특성에 의해 좌우된다. ←강조점이 있는 단어나 문장은 '강조점(주 번호)콤마' 형식으로 표시

Woodring(18)은 … ←영어형식의 인명은 성(family name)만 기재하고, 해당 주 번호를 기재

Muhm 등(19)은 … ←한국어 문장의 영어형식으로 된 3인 이상의 공저자는 처음저자의 성에

'등'을 기재

Midtun와 Jett(21)는 … ←영어형식으로 된 2인 공저자는 성(family name)과 성 사이를 '와(과)'로 기재하고, 해당 주 번호 기재

…, "both steps occurring at equal rates" (16,17). ←인용부호가 있는 것은 '인용부호 빈칸 (주 번호)마침표'의 형식으로 기재

Woodring (18) reported … ←영어문장에서 주 번호는 ( )를 1칸 띄어서 기재
←문장에 포함된 영어형식의 인명은 반드시 성으로만 기재

Muhm et al. (19) … ←3인 이상의 공저자는 '처음저자의 성(family name) et al. 빈칸 (주번호)'의 형식으로 기재

… represented by Midtun and Jett (21), … ←영어문장의 2인 공저자는 성과 성을 'and'로 기재

… means using words such as "first," "second," and "finally" or statements such as "First let's consider…" (22). ←부분인용은 '인용부호 빈칸 (주 번호)마침표' 형식으로 기재

These types of publications include "Advances" (23), "Methods" (24), "Progress" (25), and Series" (26). ←연속인용은 인용부호 빈칸 (주 번호)콤마 형식으로 기재

Kim SN(27), Kim GO(28)은 … Smith NT (29), and Smith OT (30) … ←영어형식의 인명이 성(동일성 가진 2인 이상의 저자명)만으로 식별되지 않을 때는 이름을 약자로 함께 기재

■ 주의 번호를 조사 뒤에 붙인 경우

백용환은(1) …	장태원은(4,7) …
곽미선과 함기백은(2) …	…이다(1,5-7,9).
이권화 등은(3) …	Woodring은(18) …
Midtun와 Jett는(21) …	Muhm 등은(19) …

2) 위첨자 방법

■ 위첨자 번호를 인명에 붙인 경우

백용환[1)]은 … ←위첨자의 주 번호는 해당 위치에 반괄호 ')'로 붙여서 표시

곽미선과 함기백[2)]은 …　　　　이권화 등[3)]은 …

장태원[4,7)]은 … ←두 개 이상의 주 번호 연속은 ','로 구분하고 마지막에 반괄호')'를 표시

…이다.[1,5-7,9)] ←문장 끝에는 '마침표 주 번호 콤마 주 번호 반괄호'의 형식으로 표시

"보호효과는 엽산을 충분히 섭취하는 사람에게서만 나타난다."[10)] ←인용부호가 있는 문장은 인용문장의 끝에 '인용부호 주 번호)'의 형식으로 표시

성서에 나타난 빵에는 "수고의 빵,"[11)] "눈물의 빵,"[12)] "거짓의 빵,"[13)] "불의의 빵,"[14)] "생명의 빵"[15)]이 있다. ←연속 단어의 주 번호는 '콤마 인용부호 주 번호)'의 형식으로 표시

물분자의 공급은 지하 뿌리인 '근권, 지하경, 근계,'[16)] 그리고 토양 입자의 '알갱이'[17)] 특성에 의해 좌우된다. ←강조점이 있는 단어나 문장은 '콤마 강조점 주 번호)'의 형식으로 표시

Woodring[18)]은 … ←영어형식의 인명은 성(family name)으로만 기재하고, 해당 주 번호를 표시

Muhm 등[19)]은 … ←3인 이상의 영어형식의 공저자는 '처음저자의 성 빈칸 등 주 번호)'의 형식으로 표시

Midtun와 Jett[21)]는 … ←2인 공저자는 영어인명의 성을 '와(과)'로 기재하고, 주 번호를 표시

…, "both steps occurring at equal rates."[16,17)] ←문장 중의 인용은 '마침표 인용부호 주 번호)'의 형식으로 표시

Woodring[18)] reported … ←영어문장에서도 주 번호는 해당 인명(성)이나 사항에 붙여서 표시

Muhm et al.[19)] … ←영어문장에서 3인 이상의 공저자는 '처음저자의 성(family name) 빈칸 et al.이나 and others 주 번호)'의 형식으로 표시

… represented by Midtun and Jett[21)] … ←영어문장에서 2인 공저자는 성과 성을 'and'로 표시

… means using words such as "first," "second," and "finally" or statements such as "First let's consider…."[22)] ←부분인용은 '인용부호 주 번호)' 형식으로 표시

These types of publications include "Advances,"[23)] "Methods,"[24)] "Progress,"[25)] and

“Series,”[26] ←연속인용은 ‘콤마 인용부호 주 번호)’ 형식으로 표시

■ 위첨자 번호를 조사 뒤에 붙인 경우

백용환은[1)]

곽미선과 함기백은[2)] …

이권화 등은[3)] …

Woodring은[18)] …

Muhm 등은[19)] …

장태원은[4,7)] …

…이다.[1,5-7,9)]

Midtun와 Jett는[21)] …

*주 번호는 참고문헌(후주목록) 번호와 연계시켜 ( )나 위첨자로 기재하고, 두 개 이상의 인용 때는 해당 번호를 함께 기재한다.

*내용문장에 기재되는 동양인명은 완전명으로 기재하고, 서양인명이나 영어형식으로 된 동양인명은 성(family name)으로 기재한다. 공동연구자명이나 공저자명이 2인일 때 한국어문장은 ‘와(과)’로, 영어문장은 ‘and'로 기재하고, 3인 이상일 때 한국어문장은 처음 저자명에 ‘등’, 영어문장은 처음 저자의 성에 ‘et al.’를 표기하고 두 번째 이하의 저자명은 생략한다.

*인용부호는 전체문장을 인용한 경우는 인용문장의 처음과 끝에, 문장 중의 한 단어나 용어의 인용은 단어나 용어의 앞과 뒤에 표시한다.

*문장 중에 단체명이나 자료명 등의 긴 용어를 간략히 기재할 때는 처음 한번은 완전명과 간략명을 함께 기재하고 2번째 인용부터는 간략명을 기재한다.

예: 미국감염관리사협회(Association for Professional in Infection Control and Epidemiology, APIC) ←첫 번째 인용은 완전명과 약자표시

APIC … ←두 번째 이하는 약자로 인용

*문장에 사용되는 부호:

+ = + −(minus) × 는 ‘빈칸 부호 빈칸’의 형식으로 기재하고

−(hyphen)은 이음부호로 두 단어 사이를 붙여 기재한다.

*도표, 그림, 각주 등의 특수부호 순서는 Vancouver style에 의한 다음의 순서로 한다.

*, †, ‡, §, ∥, ¶, #, **, ††

2. 참고문헌(후주목록)

1) 백용환. 내과적 합병증 및 치료. 대한의사협회지. 2006;49:114−27.

=1) Paik YH. Alcohol abuse related medical complications and treatment. J Korean Med Assoc. 2006;49:114−27. ←한국어 자료의 영어형식 기재는 인명을 ‘성과 이름(이름의 처음자를 대문자로 붙여서 기재)’으로 기재.

2) 곽미선, 함기백. 영양유전체학의 임상응용. 대한의사협회지. 2006;49:163–72.

=2) Kwak MS, Hahm KB. Clinical application of nutrigenomics. J Korean Med Assoc. 2006;49:163–72. ←공저자명은 6인까지 기재하고, 모든 저자명의 구분은 콤마로 표시

3) 이건화, 천영국, 김현정, 이상호, 조주영, 심찬섭. 캡슐 내시경으로 발견한 소장출혈을 동반한 Henoch-Schönlein 자반증 1예. 대한소화기내시경학회지. 2004;28:317–27.

=3) Lee GW, Cheon YK, Kim HJ, Lee SH, Cho JY, Shim CS. A case of Henoch-Schönlein purpura with small bowel hemorrhage diagnosed by capsule endoscopy. Korean J Gastrointest Endosc. 2004;28:317–27.

4) 장태원. 폐혈관염 및 폐포출혈. 호흡기학. In: 대한결핵 및 호흡기학회, 편. 호흡기학. 서울: 군자출판사; 2004. p. 549–61.

5) 김선영, 조해정, 김근화, 고동석, 서재철, 김주옥, 등. 원발성 폐암의 지연진단에 관한 임상적 고찰. 결핵 및 호흡기 질환. 1998;45:754–9.

6) Midtun DE, Jett JR. Clinical presentation. In: Puss, HI. Lung cancer: principles and practice. 2nd ed. Philadelphia: Linppincott-Raven; 1996. p. 421–37.

7) 장태원. 임상에서 놓치기 쉬운 호흡기 질환의 진단. 대한의사협회지. 2006;49:173–80.

9) 고원중, 권오정. 폐결핵 항산균 폐질환. 결핵 및 호흡기 질환. 2005;29(추록 2):284–98. = 2005;29(Suppl 2):284–98.

18) Woodring JH. Pitfallsin the radiologic diagnosis of lung cancer. Am J Roentgenol. 1990;154:1165–75.

19) Muhm JR, Miller WE, Fontana RS, Sander DR, Uhlenhopp MA. Lung cancer detected during a screening program using four-month chest radiographs. Radiology. 1983;148:609–15.

20) 德嶺 章夫, 武藤 良弘. Rectocele が原因と考えられる糞石の 1例. 日本大腸肛門病會誌. 2005;58(6):321–25.

=20) Tokumine F, Muto Y. A fecalith associated with rectocele: a case report with videodefecography. J Japan Soc Coloproctol. 2005;58(6):321-25.

*참고문헌(후주목록)은 인용자료의 언어나 종류에 구분없이 본문의 인용순서로 하고, 주 번호와 일치되는 순서의 번호를 반괄호 ')'로 표시한다.
*표와 그림설명에만 인용한 참고문헌은 표와 그림설명이 본문에 나타난 순서에 따라 표시한다.

*연속간행물은 '**연구자명, 공동연구자명. 논문명: 부논문명. 연속간행물명. 연월차;권(호):수록면수**'의 형식으로 기재하고, 단행본은 '**저자명, 공저자명. 본서명: 부서명. 판차. 발행지: 발행처(사); 발행년. p. 인용면수**'의 형식으로 기재한다. 이때 저자명으로 기재되는 서양인명이나 영어형식의 인명은 '성 이름(약자를 붙여서)'으로 기재한다.

*공동연구자 및 공저자는 6인까지 기재하고 7인 이상은 생략하는 대신 '등' 'et al.을 부기한다. 학회에 따라서는 3인까지 기재하고 4인 이상의 공동연구자명이나 공저자명을 생략하기도 한다.

*학술지명의 약어는 *Index Medicus* 별호로 발간되는 "List of Journals Indexed in Index Medicus"나 *Index Medicus* 1월호에 나오는 목록을 참조하였으나, 2004년 이후는 의학, 간호학, 치과학 등 생의학 관련 전체 학술지명을 망라하는 "List of Journals Indexed for MEDLINE" http://nlmpubs.nlm.nih.gov/online/journals/ljiweb.pdf를 참조한다.

*인용이 불가피한 '개인통신(personal communication)'은 통신자의 허가를 받아 정보제공자명과 통신일자를 본문에 ( )로 인용하고, 참고문헌에 명기한다.

*학회에 따라서는 Vancouver Style을 변형하여 사용하는 경우가 있기 때문에 해당 학회의 투고규정을 참조할 필요가 있다. 또한 참고문헌을 영문으로 요구하거나, 참고문헌 목록의 제한, 번역서 인용의 불허, 필요한 부분의 강조 등의 경우도 있다.

<표 1> 서양 인명의 기재 예

1인 저자	Mills TB.
공저자	Jarvis JF, Lea WA.
6인 이상의 공저자	Johnson BA, Roache JD, Javors MA, DiClemente, CC, Cloningr CR, Prihoda TJ, et al.
이름에 붙은 'Jr.' 'III'	McLeod JH, Jr, Chandler JP, III.
한 단어로 된 인명	Inderjit, Fontana MJ.
이름이 3자일 때	Quetelet LAJ, Wolever TMS.
복합 성	Velthuis-te Wierik EJ, van den Berg H, Koh-Banerjee P.

II. 연속간행물

1. 정보원과 참고문헌

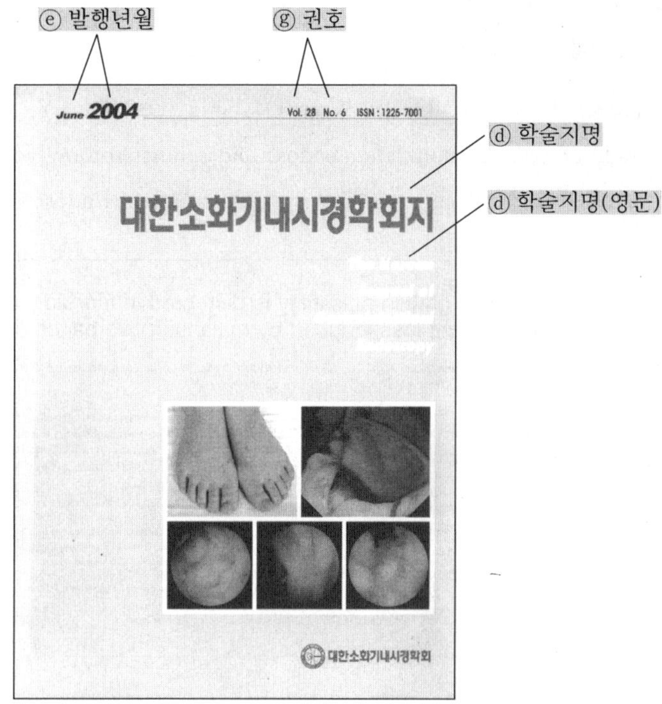

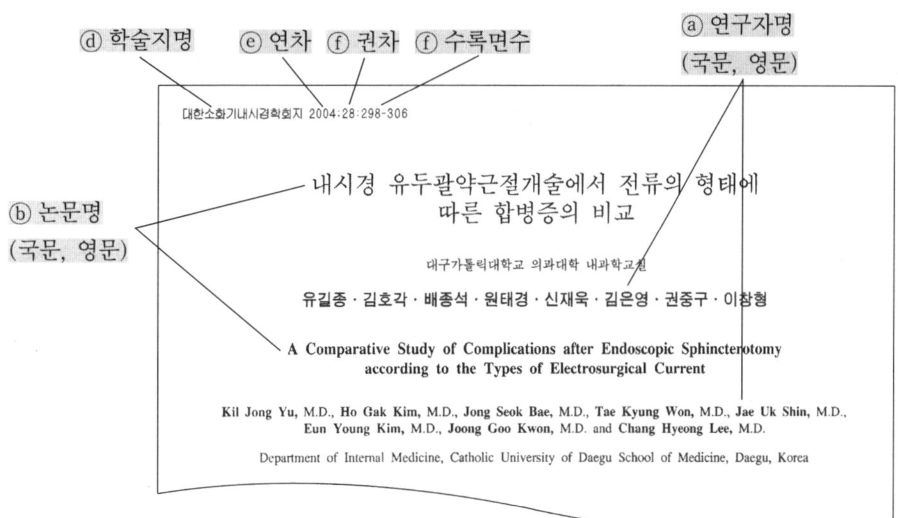

대한소화기내시경학회지 2004;28:298-306

내시경 유두괄약근절개술에서 전류의 형태에 따른 합병증의 비교

대구가톨릭대학교 의과대학 내과학교실

유길종 · 김호각 · 배종석 · 원태경 · 신재욱 · 김은영 · 권중구 · 이창형

A Comparative Study of Complications after Endoscopic Sphincterotomy according to the Types of Electrosurgical Current

Kil Jong Yu, M.D., **Ho Gak Kim**, M.D., **Jong Seok Bae**, M.D., **Tae Kyung Won**, M.D., **Jae Uk Shin**, M.D., **Eun Young Kim**, M.D., **Joong Goo Kwon**, M.D. and **Chang Hyeong Lee**, M.D.

Department of Internal Medicine, Catholic University of Daegu School of Medicine, Daegu, Korea

ⓐ 연구자명　　　　　　　　　　　　　　　　　　　　ⓑ 논문명

*) 유길종, 김호각, 배종석, 원태경, 신재욱, 김은영, 등. 내시경 유두괄약근절개술에서 전류의 형태에 따른 합병증의 비교. 대한소화기내시경학회지. 2004;28:298-306.

ⓓ 학술지명

ⓔ 연차　ⓕ 권차　ⓖ 수록면수

=*) Yu KJ, Kim HG, Bae JS, Won TK, Shin JU, Kim EY, et al. A comparative study of complications after endoscopic sphincterotomy according to the types of electrosurgical current. Korean J Gastrointest Endosc. 2004;28:298-306.

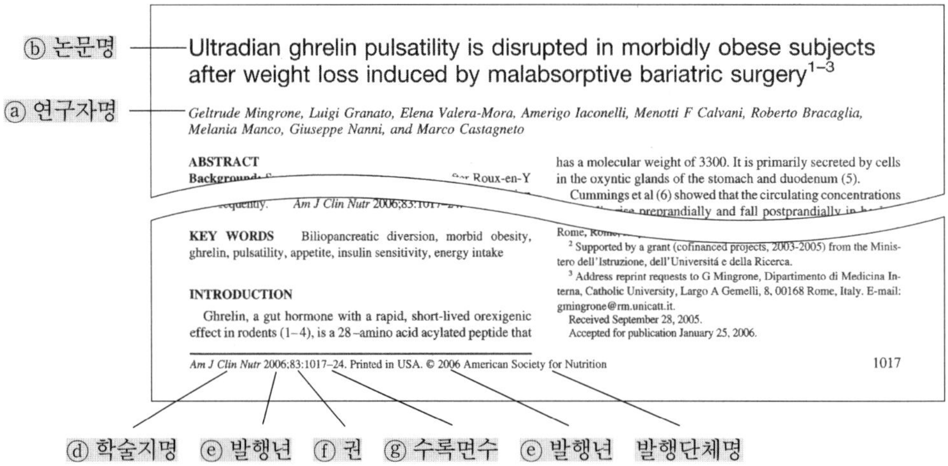

ⓐ 연구자명 (연구자의 성 이름(약자))　ⓑ 논문명 (처음자, 고유명사 이외 소문자)

*) Mingrone G, Granato L, Valera-Mora E, Iaconelli A, Calvani MF, Bracaglia R, et al. Ultradian ghrelin pulsatility is disrupted in morbidly obese subjects after weight loss induced by malabsorptive bariatric surgery. Am J Clin Nutr. 2006;83:1017-24.

ⓓ 학술지명　ⓔ 연차(년월일)　ⓕ 권차　ⓖ 수록면수

■ 학술지별 서지기술의 상이점

Vancouver Style을 채용하고 있는 학술지에서도 기재방법을 변형하여 사용하는 경우가 있기 때문에 이들 차이점을 예를 들어 약술하였다.

(1) 1인 등/et al ←2인 이상 공동연구자 생략

Nature Genetics

*'연구자명(처음 연구자명, '등/et al.'). 논문명. *학술지명* 권:수록면수 (발행년)'의 형식으로 기재

*) 유길종, 등. 내시경 유두괄약근절개술에서 전류의 형태에 따른 합병증의 비교. *대한소화기내시경학회지* 28:298-306 (2004).

=*) Yu KJ, et al. A comparative study of complications after endoscopic sphincterotomy according to the types of electrosurgical current. *Korean J Gastrointest Endosc* 28:298-306 (2004).

(2) 3인 등/et al ←4인 이상 공동연구자 생략

New England Journal of Medicine

*'연구자명(3인까지, '등/et al.'). 논문명. 학술지명 발행년;권:수록면수'의 형식으로 기재

*) 유길종, 김호각, 배종석, 등. 내시경 유두괄약근절개술에서 전류의 형태에 따른 합병증의 비교. 대한소화기내시경학회지 2004;28:298-306.

=*) Yu KJ, Kim HG, Bae JS, et al. A comparative study of complications after endoscopic sphincterotomy according to the types of electrosurgical current. Korean J Gastrointest Endosc 2004;28:298-306.

An International Journal of Gastroenterology and Hepatology

*'연구자명(첫번째 저자명 강조, 3인까지, '등/et al.'). 논문명. *학술지명* 발행년;**권**:수록면수'의 형식으로 기재

*) **유길종**, 김호각, 배종석, 등. 내시경 유두괄약근절개술에서 전류의 형태에 따른 합병증의 비교. *대한소화기내시경학회지* 2004;**28**:298-306.

=*) Yu KJ, Kim HG, Bae JS, et al. A comparative study of complications after endoscopic sphincterotomy according to the types of electrosurgical current. *Korean J Gastrointest Endosc* 2004;**28**:298-306.

(3) 6인 등/et al ←7인 이상 공동연구자 생략

계명의대학술지

*'연구자명(6인까지, '등/et al.'). 논문명. *학술지명* 발행년;**권**:수록면수'의 형식으로 기재

*) 유길종, 김호각, 배종석, 원태경, 신재욱, 김은영, 등. 내시경 유두괄약근절개술에서 전류의 형태에 따른 합병증의 비교. *대한소화기내시경학회지* 2004;**28**:298-306.

=*) Yu KJ, Kim HG, Bae JS, Won TK, Shin JU, Kim EY, et al. A comparative study of complications after endoscopic sphincterotomy according to the types of electrosurgical current. *Korean J Gastrointest Endosc* 2004;**28**:298-306.

(4) 연구자명 전체수록

American Journal of Physiology

*'**연구자명**(전체수록 강조). 논문명. *학술지명* 권(호):수록면수, 발행년'의 형식으로 기재

*) **유길종, 김호각, 배종석, 원태경, 신재욱, 김은영, 권중구, 이창형**. 내시경 유두괄약근절개술에서 전류의 형태에 따른 합병증의 비교. *대한소화기내시경학회지* 28:298-306, 2004.

=*) **Yu KJ, Kim HG, Bae JS, Won TK, Shin JU, Kim EY, Kwon JG, Lee Ch.** A comparative study of complications after endoscopic sphincterotomy according to the types of electrosurgical current. *Korean J Gastrointest Endosc* 28:298-306, 2004.

(5) 논문명 강조

American Journal of Neuroradiology

*'연구자명(3인까지 기재 '등', 'et al.'). **논문명**. *학술지명* 발행년;권:수록면수'의 형식으로 기재

*) 유길종, 김호각, 배종석, 등. **내시경 유두괄약근절개술에서 전류의 형태에 따른 합병증의 비교**. *대한소화기내시경학회지* 2004;28:298-306.

=*) Yu KJ, Kim HG, Bae JS, et al. **A comparative study of complications after endoscopic sphincterotomy according to the types of electrosurgical current.**

Korean J Gastrointest Endosc 2004;28:298−306.

Archives of Internal Medicine

*연구자명(3인까지 기재, '등', 'et al.'). 논문명. *학술지명.* 발행년;권:수록면수'의 형식으로 기재

*) 유길종, 김호각, 배종석, 등. 내시경 유두괄약근절개술에서 전류의 형태에 따른 합병증의 비교. *대한소화기내시경학회지.* 2004;28:298−306.

=*) Yu KJ, Kim HG, Bae JS, et al. A comparative study of complications after endoscopic sphincterotomy according to the types of electrosurgical current. *Korean J Gastrointest Endosc.* 2004;28:298−306.

(6) 잡지명(학술지명) 강조

Journal of Neurosurgery

*'연구자명(6인까지 '등', 'et al'). 논문명. **학술지명 권**:수록면수, 발행년'의 형식으로 기재

*) 유길종, 김호각, 배종석, 원태경, 신재욱, 김은영, 등. 내시경 유두괄약근절개술에서 전류의 형태에 따른 합병증의 비교. **대한소화기내시경학회지 28**:298−306, 2004.

=*) Yu KJ, Kim HG, Bae JS, Won TK, Shin JU, Kim EY, et al. A comparative study of complications after endoscopic sphincterotomy according to the types of electrosurgical current. **Korean J Gastrointest Endosc 28**:298−306, 2004.

Pediatrics

*'연구자명(3인까지 '등', 'et al'). 논문명. *학술지명* 발행년;권(호):수록면수'의 형식으로 기재

*) 유길종, 김호각, 배종석, 등. 내시경 유두괄약근절개술에서 전류의 형태에 따른 합병증의 비교. *대한소화기내시경학회지* 2004;28:298−306.

=*) Yu KJ, Kim HG, Bae JS, et al. A comparative study of complications after endoscopic sphincterotomy according to the types of electrosurgical current. *Korean J Gastrointest Endosc* 2004;28:298−306.

(7) 저자사항 이외 이탤릭체

Journal of Korean Medical Science

*'연구자명(모두 기재). *논문명. 학술지명 발행년;권(호):수록면수*'의 형식으로 기재

*) 유길종, 김호각, 배종석, 원태경, 신재욱, 김은영, 권중구, 이창형. *내시경 유두괄약근절개술에서 전류의 형태에 따른 합병증의 비교. 대한소화기내시경학회지 2004;28:298-306.*

=*) Yu KJ, Kim HG, Bae JS, Won TK, Shin JU, Kim EY, Kwon JG, Lee Ch. *A comparative study of complications after endoscopic sphincterotomy according to the types of electrosurgical current. Korean J Gastrointest Endosc 2004;28:298-306.*

2. 참고문헌 형식

연구자는 6인까지 기재하고 '**등**', '**et al.**'부기
동양인명은 이름을 그대로 기재,
영어형식 인명은 '성과 이름(약자)'으로 기재

학술지명은 *Index Medicus*의
표준화된 약자로 기재

연월차는 수록면수
매김에 따라 결정

***) 연구자 AA, …, 연구자 FF, 등. 논문명. 학술지명. 연월차;권(호):수록면수.**

권은 ';'으로 구분,
호(no.)는 ( )로 기재, 수록면수는 처음과
마지막 면수를 기재

논문명은 인용부호를 사용하지 않고,
고유명사와 처음문자를 대문자로 기재

*학술지명은 *Index Medicus* (http://www.nlm.nih.gov/tsd/serials/lji.html 또는 http://www.nlm.nih.gov/tsd/serials/islo.html) "List of Journals Indexed for MEDLINE" ftp://nlmpubs.nlm.nih.gov/online/journals/ljiweb.pdf와 KoreaMed의 공인된 약자로 기재한다.

1) 연구자명

*) 연구자 AA. 논문명. … ←1인의 단독논문

*) 연구자 AA, …, 연구자 BB; 연구단체명. 논문명. … ←단체와 공동연구 논문

*) 연구자 AA, 연구자 BB, …. 연구자 FF. 논문명. … ←6인의 공동논문

*) 연구자 AA, …, 연구자 FF, 등/et al. 논문명. … ←6인 이상의 공동논문

*공동연구자 간의 구분은 ‘,’로, 논문제목과의 구분은 ‘.’로 기재한다.

*영어형식의 인명은 ‘**연구자의 성** 빈칸 **이름의 처음자**(붙침) 콤마 빈칸 **두 번째 연구자의 성** 빈칸 **이름의 처음자**(붙침) 콤마 빈칸’을 반복하여 기재한다.

*한국어 인명의 기재는 ‘**연구자명** 콤마 빈칸 **두 번째 연구자명** 콤마 빈칸’을 반복하여 기재한다.

*공동연구자는 6인까지 기재하고 7인 이상은 ‘등’, ‘et al.’로 생략한다. 그러나 학회에 따라서는 3인까지 기재하고 4인 이상은 ‘등’, ‘et al.’로 생략하는 경우도 있다.

*성격을 달리하는 연구자는 ‘;’으로 구분 기재한다.

2) 논문명

논문명. 학술지명. … 논문명(일본어). 학술지명. …

논문명: 부제. 학술지명. …

*논문명과 학술지명은 ‘**논문명** 쌍점 빈칸 **부제**(부제가 있는 경우) 마침표 빈칸 **학술지명**’의 형식으로 기재한다.

*논문제목은 동양어는 자료의 문자로, 영어는 논문제목의 처음자와 고유명사 이외는 소문자로 기재하고, 부제의 처음자도 소문자로 기재한다.

*영어로 된 학술지명(연속간행물명)은 고유명사로 간주하여 단어의 처음자를 모두 대문자로 기재한다.

3) 학술지명과 권 호 면수

■ 호별 면수 매김

학술지명. 2006년 2월 28일;제144권(제10호):31-5.

= 학술지명. 2006.2.28;144(10):31-5. ←연 월 일을 문자로 기재하지 않고 ‘.’로 구분 기재

학술지명. 2006 Feb 28;144(10):31-5. ←주간지나 일간지는 ‘**연 월 일;권(호):수록면수**’형식으로 기재

학술지명. 2006년 3월;제87권(제1호):54-7.

= 학술지명. 2006.3;87(1):54-7.

학술지명. 2006 Mar;87(1):54-7. ←월간지는 ‘**연 월;권(호):수록면수**’형식으로 기재

학술지명. 2006 봄;63(1):32-7.

학술지명. 2006 Spring;63(1):32-7. ←계간지로 계절명을 나타낸 경우는 ‘**연 계절명;권(호):수록면수**’형식으로 기재

학술지명. 2006;14:180–3. ←연간지는 **'연;권(호):수록면수'**형식으로 기재

*호별로 각 면수가 독립되어 있는 경우는 연월차를 연월일로 하고 권에 해당 호수를 ( )로 기재한다. 면수의 표시는 중복되는 앞 번호를 생략하고 연속면수를 '–'로 기재한다.

■ 권별 면수 매김

학술지명. 2006;73:781–2. ←면수가 권 단위로 된 경우는 **'연;권:수록면수'**의 형식으로 기재하고, 필요에 따라서는 **'연;권(호):수록면수'**로 기재하기도 한다.

학술지명. 2006;102 추록 1:61–3.

학술지명. 2006;102 Suppl 1:61–3. ←권의 추록자료는 권에 **'추록'** 또는 **'Suppl'**의 연번을 기재

학술지명. 2006;23(1 추록 2):89–97

학술지명. 2006;23(1 Suppl 2):89–97. ←호의 추록자료는 ( )내의 호에 **'추록'** 또는 **'Suppl'**의 연번을 기재

학술지명. 2006;32(제3부):303–6.

학술지명. 2006;32(Pt 3):303–6. ←권 내의 부(part)자료는 ( )에 **'부'** 또는 **'Pt'**의 연번을 기재

학술지명. 2006;107(986 제1부):377–8.

학술지명. 2006;107(986 Pt 1):377–8. ←호 내의 부(part)자료는 ( )내의 호수에 **'부'** 또는 **'Pt'**의 연번을 기재

학술지명. 2006;(320):110–4. ←권이 없이 호만 있는 자료는 ( )로 호를 기재

학술지명. 2006:443–56. ←권.호가 없는 자료는 년도에 수록면수를 ':'으로 구분 기재

학술지명. 2006 Apr;10(2):x-xiii. ←면수가 로마숫자로 표시된 자료는 자료의 문자로 기재

학술지명. 2006;42:1358. ←초록지와 같은 단일면수의 자료는 해당면수를 기재

■ 계간지, 월간지, 주간지, 일간지의 년월차와 면수 매김

잡지명. 2006년 2월:20–7 ←월간지

잡지명. 2006년 가을:54–7 ←계간지

신문명. 2006년 2월 28일;A:3 (5단). ←일간지. 주간지

신문명. 2006 Feb 28;Sect. A:3 (col.5).

*계간지는 **'연 계절:수록면수'**, 월간지는 **'연 월:수록면수'**, 주간지나 일간지는 **'연 월 일:수록면**

수'의 형식으로 기재한다.

*수록면수는 **'처음면수-마지막면수'**로 기재하고, 신문자료는 **'Section 면수 (단)'**으로 기재한다.

<표 2> 연월차 및 면수표시

연월차표시:

연 월 일 = A day, month and year ←주간지, 일간지

예: 2006년 3월 22일 = 2006 Mar 22

연 월 = A month and year ←월간지

예: 2006년 3월 = 2006 Mar

연 계절명 = A season and year ←계간지

예: 2006년 봄 = Spring 2006

연 = Only a year ←연간지

예: 2006(년) = 2006

*권 단위의 면수 매김은 월일이나 호을 생략하고, 호별 단위의 면수 매김은 월일과 호를 함께 기재한다.

수록면수 매김: 자료에 나타난 문자의 숫자로 면수를 기록한다.

예:				
:1-15.	:773.	:253-6.	:147-59.	:79-80.
:305-6.	:110-4.	:698-701.	:1557-8.	:1699-701.
:iv.	:x-xi.	:xxxiv-xxxvii.		

*복수의 면수는 처음 면수는 완전한 숫자를 끝 면수는 앞부분의 중복되는 숫자를 생략한 숫자로 기재한다.

[예1] 1인, 2-6인 공동논문 (Personal Author(s))

1) 백용한. 내과적 합병증 및 치료. 대한의사협회지. 2006;49:114-27.
= 2006년 2월;제49권(제2호):114-27.

=1) Paik YH. Alcohol abuse related medical complications and treatment. J Korean Med Assoc. 2006;49:114-27. = 2006 Feb;49(2):114-27.

*한국어자료의 서지를 그대로 기재할 때는 자료에 나타난 문자로 기재한다.

*한국어로 된 논문을 영어로 기재할 때는 영어형식에 따라 한국인명을 **'성 이름**(처음자 대문자)'으로 기재한다. 본 예에서는 한국어형식과 영어형식을 함께 제시하였다.

2) 도홍직, 김일만, 이창영, 손은익, 김동원, 임만빈. 후두개와 수술에서 골성형적 개두술. 계명의대학술지. 2001;20(1):62-6.

=2) Doh HJ, Kim IM, Lee CY, Son EI, Kim DW, Yim MB. Osteoplastic craniotomy for surgery of posterior fossa lesions. Keimyung Med J. 2001;20(1):62-6.

3) 徳嶺 章夫, 武藤 良弘. Rectocele が原因と考えられる糞石の 1例. 日本大腸肛門病學會雜誌. 2005;58(6):321-5.

=3) Tokumine F, Muto Y. A fecalith associated with rectocele: a case report with videodefecography. J Japan Soc Coloproctol. 2005;58(6):321-5.

*일본자료는 투고기관의 요구에 따라 원정보로 기재할 때는 자료에 나타난 문자로 기재하고, 영어로 기재할 때는 영어형식에 준한다.

4) 고원중, 권오정. 폐결핵 항산균 폐질환. 결핵 및 호흡기 질환. 2005;29(추록 2):284-98. = 2005;29(Suppl 2):284-98.

5) Lee GW, Cheon YK, Kim HJ, Lee SH, Cho JY, Shim CS. A case of Henoch-Schönlein purpura with small bowel hemorrhage diagnosed by capsule endoscopy. Korean J Gastrointest Endosc. 2004;28:317-27.

6) Bhawan J. The evolution of dermatopathology: the American experience. Am J Dermatopathol. 2006;28(1):67-71. = 2006;28:67-71.

7) Kok C, Kennerson ML, Spring PJ, Ing AJ, Pollard JD, Nicholson GA. A locus for hereditary sensory neuropathy with cough and gastroesophageal reflux on chromosome 3p22-p24. Am J Hum Genet. 2003;73(3):632-7.

[예2] 6인 이상의 공동논문 (More than Six Authors)

8) 김진배, 한동수, 이항락, 김종표, 박준용, 이오영, 등. 간경변증 환자에서 동반되는 십이지장 병변에 대한 임상적 고찰. 대한소화기내시경학회지. 2004;28:277-83.

=8) Kim JB, Han DS, Lee HL, Kim JP, Park JY, Lee OY, et al. Clinical features of duodenopathy associated with liver cirrhosis. Korean J Gastrointest Endosc. 2004;28:227-83.

*6인 이상의 공동연구자는 6인까지 기재하고 7인 이상은 생략하는 대신 **'등'**, **'et al.'**을 부기한다. 기재는 ', ⋯., **마지막 저자명** 콤마 빈칸 **등/et al** 마침표' 형식으로 한다.

9) 林 太郎, 池田 正孝, 鈴木 玲, 畑 泰司, 眞貝 龍史, 安井 昌義, 他. 本邦での大腸癌に對する術前檢査の現狀. 日本大腸肛門病會誌. 2005;58(6):312–20.

=9) Hayashi T, Ekeda M, Suzuki R, Hata T, Shingai R, Yasui M, et al. Questionnaire survey of preoperative evaluation for colorectal cancer in Japan. J Japan Soc Coloproctol. 2005;58(6):312–20.

*일본어의 경우는 6인까지 기재하고 '등', '他', '等'을 부기하고 7인 이상은 생략한다.

10) Johnson BA, Roache JD, Javors MA, DiClemente CC, Cloningr CR, Prihoda TJ, et al. Ondansetron for reduction of drinking among biologically predisposed alcohol.ic patients: a randomized controlled trial. JAMA. 2000;284:963–71.

[예3] 저자미상 논문 (No Author given)

■ 참고문헌 형식

*) 논문명. 학술지명 연월차;권(호):수록면수.
└ 논문명을 주 번호 다음에 바로 기재

*) Article Title. Journal Title. Complete Date;Volume(Number): Pagination.

*기재형식은 '**논문명** 마침표 빈칸 **학술지명** 마침표 빈칸 **연월차** 쌍반점 **권(호)** 쌍점 **수록면수**'로 기재

11) 해외의료. 의료정책포럼. 2003년 봄;1(2):103–9.

=11) Abroad healthcare. Research Institute for Healthcare Policy Korean Medical Association. 2003 Spring;1(2):103–9.

12) 한국의 기관지천식 치료 지침서. 천식 및 알레르기. 1998;18:345.

13) Cancer in South Africa [editorial]. S Afr Med J. 1994;84:15.

[예4] 영어 이외의 문자로 된 논문 (Article not in English)

■ 참고문헌 형식

┌자료에 나타난 문자로 된 연구자명(성 이름)을 기재
┌논문명은 자료에 나타난 문자로 기재

*) 연구자 AA, …, 연구자 FF. 논문명 [영어로 번역된 논문명]. 연속간행물명. 연월차;권(호):수록면수.

└ 영어로 번역된 논문명을 [ ]로 부기
└연월차, 권호, 수록면수는 연속간행물과 동일
└ 연속간행물명은 자료의 문자로 기재

14) 김정규, 최유진, 나문준, 조영준, 이원영. MDCT로 확인된 폐국균증을 동반한 폐결리증 1예 [A case of aspergillosis within pulmonary sequestration diagnosed by MDCT]. 대한내과학회지. 2004;67(부록 3호):S927-31.

15) Ryder TE, Haukeland EA, Solhaug JH. Bilateral infrapatellar seneruptur hos tidligere frisk kvinne. Tidsskr nor Laegeforen. 1996;116:41-2.

*통상적으로 상용되지 않는 영어 이외의 문자로 된 논문명은 그대로 기재하고 필요한 경우 [ ]에 영어로 번역한 논문명을 기재한다.

[예5] 인쇄중인 논문 (In Press)

■ 참고문헌 형식

*) 연구자 AA, 연구자 BB. 논문명. 학술지명. 인쇄중 년도.

└인쇄중인 자료는 **'인쇄중'**으로, 심사중인 자료는 **'미발행 심사중'**으로 기재

*) Author AA, Author BB. Article Title. Journal Title. In press Year.

인쇄중인 자료는 **'In press'**, **'Forthcoming'**으로 기재,┘
수록여부 심사중인 자료는**'Unpublished observation'**로 기재

16) 이원기. 간경화로 인한 복수의 감염여부에 따른 복수 및 혈청 보체의 동향. 계명의대학술지. 인쇄중 2000.

17) Leshner AI. Molecular mechanisms of cocaine addiction. N Engl J Med. In press 1996.

18) Chatterjee K, Visconti A, Mirocha CJ. Deepoxy T-2 Tetrol: a metabolite of TO2 Toxin found in cow urine. J Agric Food Chem. Submitted for publication, 1996.

*출판되지 않은 논문은 연구자의 인용 허가를 받아 **'인쇄중'**, **'In press'** 또는 **'근간'**, **'Forthcoming'**을 기재한다.

*투고되었으나 수록(채택) 여부가 결정되지 않는 논문은 연구자의 인용 허가를 받아 **'미발행 심사중'**, **'미발행 결과'**, **'Unpublished observation'**을 기재한다.

[예6] 단체의 논문 (Organization as Author)

19) 해양의학연구원. 해양의학연구원 연혁. 월보 해양의학. 1981;1(1):7–10.

20) 국제의학학술지 편집위원회. 생의학 학술지에 투고하는 원고의 통일양식. 계명의대학술지. 2001;20(1):95–101.

21) Collaborative Group of the Primary Prevention Project. Low-dose aspirin and vitamin E in people at cardiovascular risk: a randomised trial in general practice. Lancet. 2001;357:89–95.

22) International Committee of Medical Journal Editors. Uniform requirements for manuscripts submitted to biomedical journals. JAMA. 1997;277(11):927–34.

*[예7] 일반잡지 및 신문기사 (Journal or Newspaper Article)

■ 참고문헌 형식

*) 저작자 AA, …, 저작자 FF, 등. 기사명. 잡지나 신문명. 연월차:수록면수(단).

└ 권호가 없는 연속간행물은 권호 대신 월간지는 '연월', 일간지나 주간지는 '연월일'을 기재

└ 수록면수는 자료에 나타난 문자나 숫자로 기재하고 '단'은 ( )로 면수에 부기

*) Author AA, Author BB. Article Title. Journal or Newspaper Title. Complete Date:Pagination (col.).

*'**논문집**', '**연구보고서**', '**연구논집**' 등과 같이 식별이 필요한 연속간행물명은 발행단체명을 ( )로 기재하기도 한다.

23) 안보국. 환절기 비염 치료법 잘 먹고 잘 자는 것. 한국경제. 2006년 3월

18일;Sect. A:19.

24) 바이러스와의 전쟁 [cover story]. 주간조선. 2006년 2월 27일:10–19.

25) 이정호, 김현진, 백승렬. 단백질 응집: 퇴행성 신경질환과 아밀로이드. 나이스. 2005년 2월:47–53.

26) 「臨床研究」終了の新人醫師, 大學病院勤務は5割のみ. 讀賣新聞 [online]. 2006年 5月 20日 [2006년 5월 20일 검색]. http://www.yomiuri.co.jr/iryou/news/iryou_/20060520ik01.htm

27) McNeil DG. Bird flu deaths in Indonesia raise concerns. The New York Times [serial on the Internet]. 2006 May 18 [cited 2006 May 20]: [about 2 screens]. Available from: http://www.mytimes.com/2006/05/18/world/asia/18birdflu.html?_r=1&oref=slogin

28) Gorman C, Park A. How new heart-scanning technology could save your life: more and more, doctors are diagnosing coronary disease without any invasive tests whatever. Time. 2005 Sept 5:33–40.

29) Kelly P. Medicare could benefit from government plan. The Australian. 1999 Aug 15;Sect. C:1–2.

III. 학위논문

[예8] 미공간 학위논문 (Dissertation)

■ 참고문헌 형식

- 연구자명은 단행본이나 연속간행물의 경우와 동일
- 수여기관이 소재한 도시명(관용명) 기재
- 수여 대학교명을 기재

*) 연구자. 논문명: 부제 [학위논문]. 소재지: 수여기관명; 수여일자.

- ‘학위논문’, ‘dissertation’이라는 용어를 [ ]로 기재
- 논문집에 나타난 서기연도를 기재
- **‘논문명: 부제 [학위논문]’** 형식으로 논문명의 처음자와 고유명사 이외는 모두 소문자로 기재

30) 김정희. MPP+에 의한 신경독성에서 Oxidative stress와 caspase의 역할 [학위논문]. 대구: 계명대학교; 2004.

31) Kim SR. Consumer health information and changing preferences for fats and cointegration and a complete demand system approach [dissertation]. Ohio: Ohio State University; 1997.

32) 權浩政. 新しい細胞周期特異的増殖阻害剤ラディシコールに關する研究 [學位論文]. 東京: 東京大學; 1995.

33) 山田 貴富. 分裂酵母の組換ホツトスポツト周邊のク#マチン構造解析 [學位論文]. 東京: 東京大學; 2004.

34) William R. 大腸癌における C-terminal Src Kinase (CSK)と活性 pp60c-src活性の逆相關 [學位論文]. 東京: 東京大學; 2001.

35) Liosa A. Methodological challenges for epidemiological studies of chronic infection and its sequelae [dissertation]. Stanford (CA): Stanford University; 2005.

36) 이원기. 慢性腎不全 誘導 흰쥐에서 Atrial natriuretic pepide mRNA의 發見 [학위논문]. 대구: 계명대학교; 1993 [2006년 6월 21일 검색]. http://dcollection.kmu.ac.kr/jsp/search/DcLoDetailView.jsp?itemId=000000002265.

IV. 초록지 (Abstracts)

[예9] 초록(지) 자료

■ 참고문헌 형식

┌ 연구자명은 단행본이나 연속간행물의 경우와 동일

┌ 논문명은 자료에 나타난 대로 기재

┌ 연속간행물과 동일

*) 연구자 AA, 연구자 BB, … FF, 등. 논문명: 부제 [초록]. 초록지명. 연월차;권:수록면수.

└ 논문명에 **'초록'**, **'abstract'**를 [ ]로 부기

└ 연월차, 권호, 수록면수는 연속간행물의 경우와 동일

*초록은 참고문헌으로 인용하지 않는 것이 원칙이다.

37) 이혜란. 류마티스 관절염 환자의 자기효능감에 따른 질병상태와 일상활동지도 [초록]. 학생학술연구논문초록집 (계명대학교 대학원). 2002:758-9.

38) Clement J, De Bock R. Hematological complications of hantavirus nephropathy (HVN) [abstract]. Kidney Int. 1992;42:1285.

39) Tamura T, Sakaedmani N, Matsumoto T. Isolation of dilydrositosterol ferulate from corngerm oil [abstract]. Chem Abstr. 1960;54:24857.

V. 발표자료 및 보고서

[예10] 학술회의 발표자료 (Conference Paper)

■ 참고문헌 형식

- 연구자명은 연속간행물의 경우와 동일
- '**발표논문명: 부제**'의 형식으로 기재
- 발표논문의 수록 모음집은 '**In:**'으로 기재
- 모음집의 편자

*) 연구자 AA, …, 연구자 FF, 등. 발표자료명: 부제. In: 편자 AA, …, 편자 FF, 등, 편. 모음집명. 회의명; 회의일자; 개최지명. 발행지: 발행사; 발행년. p. 수록면수

- 모음집의 발행사항을 단행본과 동일한 방법으로 기재
- 회의의 개최 관용도시명을 기재
- 회의의 일정을 연월일로 기재
- 회의의 결과물임을 회의명과 함께 기재
- 모음집명은 단행본과 동일한 방법으로 기재
- 수록면수는 발표논문이 수록된 처음면수와 마지막 면수를 '**p.**'로 기재

*) Author AA, Author BB, …, Author FF, et al. Title of Presentation. In: Editor AA, Editor BB, .. FF, editors. Title of the Collected Work. Proceedings of the Name of the Meeting; Date of Meeting; Location of Meeting. Place of Publication: Publisher; Year. Pagination.

40) 황은아, 김현철. 신이식 후 위장관계 거대세포바이러스 감염. In: 계명대학교 신장연구소, 편. 장 이식환자에서 바이러스 감염. 제5회 신장내과 심포지엄; 2005년 9월 24일; 대구. 대구: 계명대학교 신장연구소; 2005. p. 31-40.

=40) Hwang EA, Kim HC. Gastrointestinal CMV infection-single center experience. In: Keimyung University Kidney Institute, editor. International Symposium on viral infections in transplant recipient. 5th symposium of Kidney Institute, Keimyung University; 2005 Sept 24; Taegu. Taegu: Keimyung University Kidney Institute; 2005. p. 31-40.

41) 이문성. 내시경적 절제술. In: 대한소화기내시경학회, 기획. 식도종양의 내시

경적 진단 및 치료 [비디오녹화자료]. 제18회 대한소화기내시경학회세미나; 1998년 4월 12일; 서울. 서울: 두성통상; 1999.

42) Bengtsson S, Solheim BG. Enforcement of data protection, privacy and secutiry in medical informatics. In: Lun KC, Degoulet P, Piemme TE, Reinhoff O, editors. MEDINFO 92. Proceedings of the 7th World Congress on Medical Informatics; 1992 Sep 6-10; Geneva, Switzerland. Amsterdam: North-Holland; 1992. p. 1561-5.

43) Spencer AJ. An evidence-based approach to the prevention of oral diseases. In: Behbehani JM, Honkala E, editors. Proceedings of the International Conference on Evidence Based Practrice in Dentisktry; 2001 Oct 2-4; Kuwait. Basel: Karger; 2003. p. 3-11.

[예11] 학술회의 보고서 (Conference Proceedings)

■ 참고문헌 형식

자료를 편집한 단체명이나 개인명을 단행본과 동일한 방법으로 기재

보고서명을 단행본의 서명기재형식과 동일한 방법으로 기재

*) 편저자 AA, …, 편저자 FF, 편. 학술회의 보고서명. 회의명; 회의일자; 개최지명. 발행지: 발행처; 발행년도.

보고서명에 대한 정보로 회의명을 기재 회의일자를 연월일까지 기재

발행사항은 단행본과 동일한 방법으로기재

회의 개최지의 도시명을 간략히 기재

44) 대한소화기내시경학회, 편. 대한소화기내시경학회 세미나모음집: 제1회 (1980)-제22회(1999). 서울: 동 학회; 2000.

45) 계명대학교 신장연구소, 편. 장기이식환자에서 바이러스 감염. 제5회 신장내과 심포지엄; 2005년 9월 24일; 대구. 대구: 계명대학교 신장연구소; 2005.

=45) Keimyung University Kidney Institute, editor. International Symposium on viral infections in transplant recipient. [Proceedings of] the 5th symposium of Kidney Institute, Keimyung University; 2005 Sept 24; Taegu. Taegu: Keimyung University Kidney Institute; 2005.

46) Croop RS, Labriola DF, Wroblewski JM, Nibbelink DW. A multicenter safety study of naltraxone as adjunctive pharmacotherapy for individuals with alcoholism. Presented at annual meeting of the American Psychiatric Association; 1995.

47) 보건복지부. 보건의료기관 경영 정상화를 위한 수가정책위원회 제5차 회의자료. 서울: 보건복지부; 2000.

48) Harris AH, editor. Economics and health: 1997. Proceedings of the 19th Australian Conference of Health Economists; 1997 Sep 13-14; Sydney, Australia. Kensington, N.S.W.: School of Health Services Management, University of New South Wales; 1998.

49) Hamden P, Joffe JK, Jones WG, editors. Germ cell tumours V. Proceedings of the 5th Germ Cell Tumour Conference; 2001 Sep 13-15; Leeds (UK). New York: Springer; 2002.

「ABS Publications」

50) Australian Bureau of Statistics. Mental health and wellbeing: profile of adults, Queensland, data report. Canberra: ABS: 1997. ABS publication 4326.3.40.001.

[예12] 기술보고서 (Scientific or Technical Report)

■ 참고문헌 형식

보고자명은 단행본이나 연속간행물과 같은 방법으로 기재

보고서명은 단행본과 동일한 방법과 형식으로 기재

*) 보고자 AA, …, 보고자 FF. 보고서제목. 발행지: 발행기관; 발행년도. 보고서번호. 계약번호. 후원단체명

자금지원단체에서 발행한 경우는 계약번호와 지원단체 혹은 스폰서를 기재.

보고서번호를 **'보고서번호:'**, **'Report No.:'**라는 명칭으로 해당번호를 기재

51) 국립서울정신병원. 서울의대 정신과 정신질환상태 역학조사. 보건복지부 용역 연구보고서. 서울: 동 병원; 2001.

52) 보건복지부, 한국보건산업진흥원. 2001 국민건강·영양조사: 영양조사 II. 서울: 보건복지부; 2002. 정책-식품-2002-66.

53) 대구광역시; 대구광역시의사회; 대구광역시 고혈압·당뇨병관리사업단. 2005 대구광역시 고혈압·당뇨병관리사업 보고서. 대구: 대구광역시; 대구광역시 의사회; 대구광역시 고혈압·당뇨병관리사업단; 2005.

54) Diet, nutrition and the prevention of chronic diseases. World Health Organ Tech Rep Ser. 2003;916:1–159.

55) Nationwide Food Consumption Survey, continuing survey of food intakes by individuals. Women 19–50 years, and their children 1–5 years. Washington, DC: US Government Printing Office; 1986. Report 86–1.

56) Dietary reference values for food energy and nutrients in the United Kingdom. Report of the Panel on Dietary Reference Values of the Committee on Medical Aspects of Food Policy. London, United Kingdom: HMSO; 1991.

57) Smith P, Golladay K. Payment for durable medical equipment billed during skilled nursing facility stays. Final report. Dallas (TX): Dept. of Health and Human Services (US), Office of Evaluation and Inspections; 1994 Oct. Report No.: HHSIGOE169200860.

58) Field MJ, Tranquada RE, Feasley JC, editors. Health services research: work force and educational issues. Washington: National Academy Press; 1995. Contract No.: AHCPR282942008. Sponsored by the Agency for Health Care Policy and Research.

*지원단체와 스폰서가 발행한 논문은 계약번호와 지원이나 후원 단체명을 기재한다.

VI. 기 타

[예13] 서신 등

■ 참고문헌 형식

┌ 서신자명은 연속간행물과 같은 방법으로 기재

*) 서신자. 서신제목 [서신/letter]. 연속간행물명. 연월차;권(호):수록면수.

└ 서신제목에는 자료의 유형으로 '**서신**', '**letter**'를 표기

59) 채정호. 편집인의 글. 대한정신약물학회지. 2006년 1월;17(1):4.

60) 加川隆三郎. 症例報告 [肛門部 verrucous carcinomaの 1例](第58巻 2號 掲載)について [letter to the editor]. 日本大腸肛門病會誌. 2005;58:342.

61) Coeberg JWW, van Veen EB, Vandenbroucke JP, van Diest P, Oosterhuis W. One-time general consent for research on biological samples: opt out system for patients is optimal and endorsed in many countries [letter]. BMJ. 2006;332:665.

62) Hambidge KM. Zinc and pneumonia [editorial]. Am J Clin Nutr. 2006;83:991-2.

63) 박용경. 두경부암 환자의 기능상태, 우울과 가족지지 [종양간호학회지. 제5권 제1호 누락 부분]. 종양간호학회지. 2005년 8월;5(2):1-3.

[예14] 오류, 정정 및 취소 등

(1) 논문내용 일부 취소 (Article Containing Retraction)

■ 참고문헌 형식

┌ 일부취소된 논문의 서지사항을 기재

*) 연구자 AA, …, 연구자 FF. 논문명. 연속간행물명. 연월차;권(호):수록면수.
연구자 AA, …, 연구자 FF. 연속간행물명. 연월차;권:수록면수의 일부 취소.

└ 원본논문의 수록학술지명과 수록권차,
수록면수, 일부취소임을 기재

*) Author AA, Author BB. Title of article. Title of Journal. Publication Year Month Day;Volume(Issue no):Pagination. Retraction of: Author AA, …, Author FF. Title of Journal. Publication Year Month Day;Volume(Issue no):Pagination.

64)[1] Garey CE, Schwarzman AL, Rise ML, Seyfried TN. Ceruloplasmin gene defect associated with epilepsy in EL mice. Nat Genet. 1995;11:104. Retraction of: Garey CE, Schwarzman AL, Rise ML, Seyfried TN. Nat Genet. 1994;6:426–31.

(2) 전체논문의 취소 (Article Retracted)

■ 참고문헌 형식

┌ 전체취소된 논문의 서지사항을 기재

*) 연구자 AA, …, 연구자 FF. 논문명. 연속간행물명. 연월차;권(호):수록면수. 연속간행물명. 연월차;권:면수에서 취소.

└ 원본논문의 수록학술지명과 수록권차, 수록면수, 전체취소임을 기재

*) Author AA, …, Author FF. Title of article. Title of Journal. Publication Year Month Day;Volume(Issue no):Pagination. Retracted in: Title of Journal. Publication Year Month Day;Volume(Issue no):Pagination.

65) Feifel D, Moutier CY, Perry W. Safety and tolerability of a rapidly escalating dose-loading regimen for risperidone. J Clin Psychiatry. 2000;61(12):909-11. Retraction in: Feifel D, Moutier CY, Perry W. J Clin Psychiatry. 2002;63(2):169.

66) Liou GI, Wang M, Matragoon S. Precocious IRBP gene expression during mouse development. Invest Ophthalmol Vis Sci. 1994;35:1083–8. Retracted in: Invest Ophthalmol Vis Sci. 1994;35:3127.

---

1) Uniform requirements for manuscrits submitted to biomedical journs. Academia and Clinic. 1997 January 1 [2006년 5월 21일 검색];126(1): 36-47. http://www. annals.org/cgi/content/full/126/1/36?maxtoshow=&HITS-10&hits=10&RE…

(3) 오류로 공포된 논문 (Article with Published Erratum)

■ 참고문헌 형식

┌ 오류로 공포된 논문의 서지사항을 기재

*) 연구자 AA, …, 연구자 FF. 논문명. 연속간행물명. 연월차;권(호):수록면수. 연속간행물명. 연월차;권:수록면수에서 오류 공포 표시.

└ 원본논문의 수록학술지명과 수록권차, 수록면수, 오류사항임을 기재

*) Author AA, …, Author FF. Title of article. Title of Journal. Publication Year Month Day;Volume(Issue no):Pagination. Erratum in: Title of Journal. Publication Year Month Day;Volume(Issue no):Pagination.

67) Malinowski JM, Bolesta S. Rosiglitazone in the treatment of type 2 diabetes mellitus: a critical review. Clin Ther. 2000;22(10):1151-68; discussion 1149-50. Erratum in: Clin Ther. 2001;23(2):309.

68) Hamlin JA, Kahn AM. Herniography in symptomatic patients following inguinal hernia repair. West J Med. 1995;162:28–31. Erratum in: West J Med. 1995;162:278.

VII. 단행본(도서)

1. 정보원과 참고문헌

표제지 판권지

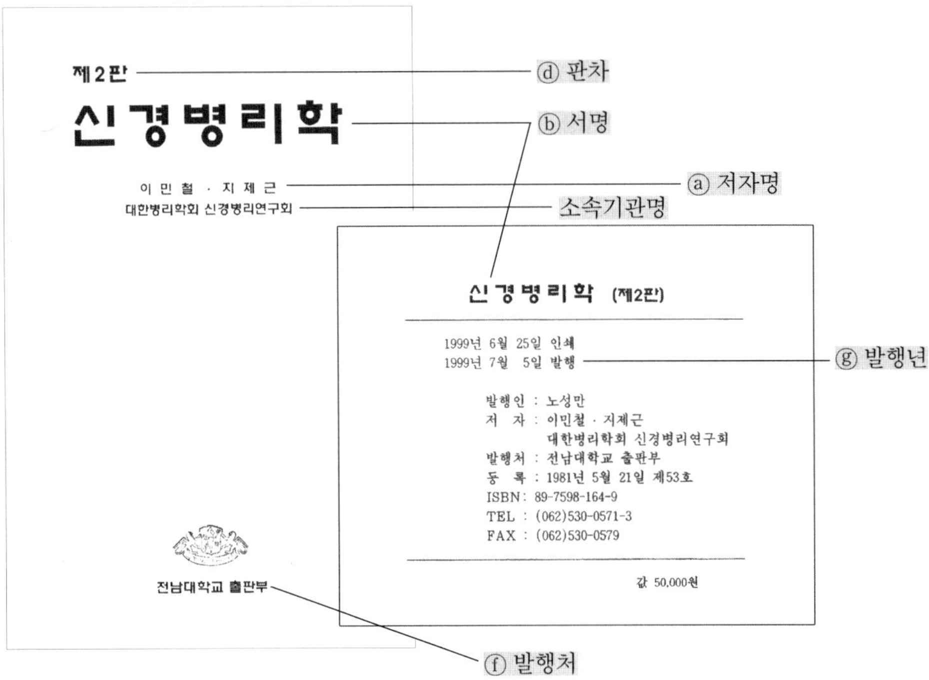

참고문헌

ⓐ 저자명 ⓑ 서명 ⓓ 판차 ⓔ 발행지 ⓕ 발행처 ⓖ 발행년

*) 이민철, 지제근. 신경병리학. 제2판. 광주: 전남대학교 출판부; 1999.

=*) Lee MC, Chi JG. Neuropathology. 2nd ed. Gangjoo: Chonnam National University Press; 1999.

*단행본자료의 서지사항은 위치에 따라 다를 수 있기 때문에 주나 참고문헌의 근거를 표제지로 하고, 표제지에 없는 사항은 판권지나 기타 순으로 한다.

*일본인명은 자료에 나타난 한자나 일본어 가나로 성과 이름을 띄어쓰기로, 공저자명 간에는 ','로 구분하여 기재한다. 저자명일 때는 '著', '共著'라는 역할어 없이 성명을 기재하고, 편자나 역자는 '編', '譯' 등의 역할어를 함께 기재한다. 공편자나 공역자명은 저자명과 같이 ','로

구분하여 기재한다.

예: *) **원저자명 AA, 원저자명 BB. 번역도서명: 부서명. 판차. 번역자명, 번역자명, 역할어. 발행지: 발행처; 발행년.**

*번역도서는 원저자명을 원명의 문자로 기재하는 것이 번역에 의한 문자 상의 혼란을 피할 수 있다. 문장이나 내주에 기록되는 영어로 된 인명은 성을 기재하고, 참고문헌은 '성 이름(약자)'의 형식으로 기재한다. 역할을 달리한 편자나 번역자는 성명에 역할어를 짝지어 기재한다.

예: *) **Author AA, Author BB. Title. Edition. Translator AA, Translator BB, trans. Place of Publisher: Publisher; Year.**

*서명은 '**서명: 부서명**'형식으로 기재한다. 서명 앞의 관제는 부제로 기재하고, 개정에 의한 판차는 서명 다음에 '.'로 구분하여 기재한다.

예: *) **저자명. 서명: 관제. 판차. 발행지: 발행사; 발행년.**

*발행지는 발행사(처)가 있는 도시명을 관용명으로 기재하고, 도시명에 식별이 필요한 경우는 상위지명의 약자를 ( )로 기재한다. 발행사(처)는 그 구성이나 성격을 나타낸 '도서출판' '주식회사', '사단법인' 등의 용어는 기재하지 않는다. 발행년은 자료에 나타난 최종 서기년도를 기재한다. 서기년 이외의 기년으로 된 자료는 이들 년도를 [ ]나 ( )로 서기년도 다음에 기재하기도 한다.

예: **발행지: 발행사; 발행년.** **발행지 (상위지명): 발행사; 발행년.**
발행지: 발행처(사); 서기년도[서기년 이외의 기년].

*면수나 인용면수는 'p.'를 앞세워 기재하고, 2면 이상 연속면수는 '**처음면수-마지막면수**'의 형식으로 기재한다.

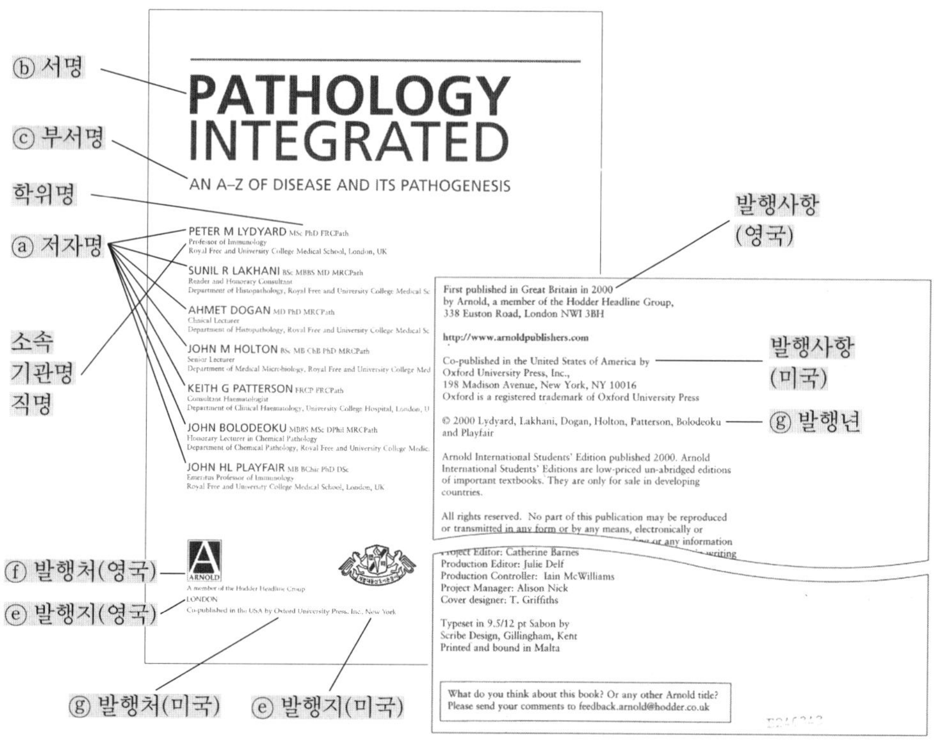

ⓐ 저자명 ⓑ 서명 ⓒ 부서명

*) Lydyard PM, Lakhani SR, Dogan A, Lolton JM, Patterson KG, Bologeoku J, et al. Pathology integrated: an A-Z of disease and its pathogenesis. London: Arnold, New York: Oxford University Press; c2000.

ⓔ 발행지(영국) ⓕ 발행처(영국)

ⓔ 발행지(미국) ⓕ 발행처(미국) ⓖ 발행년

*서양인명은 **'성 이름**(약자)'으로, 공저자는 ','로 구분하여 기재하고, 표제지에 '−'로 나타낸 부표제는 ':'으로 구분하여 기재한다.

*발행지명이 2개 이상인 경우는 처음 표시된 지명을 기재한다. 그러나 발행처가 다른 경우는 발행지와 발행처를 짝지어 함께 기재한다.

2. 참고문헌 형식

개인명: 동양인명 **성이름**, 서양인명 **성 이름**(약어)으로 기재
단체명: 단체명만으로 식별되지 않을 때는 '**상위단체명, 하위단체명**'의 형식으로 기재
저자명은 6인까지 ','로 구분하여 기재하고 '**등**', '**et al.**'를 표기하고 7인 이상은 생략

***) 저자 AA, 저자 BB, …, 저자 FF, 등. 도서명. 판차. 발행지: 발행사; 발행년.**

개정판의 판차 기재
도서명은 '**서명: 부서명**'의 형식으로 서명의 처음자와 고유명사는 대문자로 기재
발행사항은 '**발행지: 발행사; 발행년**'의 형식으로 기재

1) 저자명

연번) 가 길동. ←1인 저자

연번) Blackfoot E.

연번) 가 길동, 나 길동, 다 길동. ←2인 공저자

연번) Unwin LP, Galloway J.

연번) 가 길동, 나 길동, 다 길동, 라 길동, 마 길동, 바 길동. ←6인 공저자

연번) Brett PD, Johnson SW, Bach CRT, …

연번) 가 길동, 나 길동, 다 길동, 라 길동, 마 길동, 바 길동, 등. ←6인 이상의

공저자

연번) Author AA, Author BB, Author CC, …, Author FF, et al.

*공저자명은 '**저자의 성** 빈칸 **이름의 처음자** 콤마 빈칸 **저자의 성** 빈칸 **이름의 처음자** 콤마'를 반복하여 기재하고, '**등**', '**et al.**'은 '**6번째 저자의 성** 빈칸 **이름의 처음자** 콤마 빈칸 '**등/et al.**' 마침표'로 기재한다.

*동양인명의 기재형식은 '**저자명** 콤마 빈칸 **저자명** 콤마'를 반복하여 기재하고, '**등**', '**et al.**'은 '**6번째 저자명** 콤마 빈칸 '**등/et al.**' 마침표'로 기재한다.

연번) 가 길동, 편. ←편저자

연번) Cline CL, editor.

연번) 가 길동, 나 길동, 편. ←공편자

연번) Warren BK, Oyama ST, editors.

연번) 가 길동, 나 길동, 역. ←번역자

연번) Gianakakos P, Poweska W, trans.

*저자명에 대한 역할어의 기재형식은 '**저자명** 콤마 **역할어**'로 기재하고, 공저자명은 '**저자명** 콤마 빈칸 **저자명** 콤마 빈칸 **역할어**'로 마지막에 역할어를 간략히 기재한다.

연번) 단체명. ←단체저자

연번) International Monetary Fund.

연번) Schafer F. ←서양인명의 성과 이름의 일부가 동일한 경우

연번) Schafer FW, Jr.

연번) Inderjit, Fountana MJ. ←한 단어로 된 이름

연번) Chandler JP, III, Schafer FW, Jr. ←Jr., II가 있는 저자명

*이름에 붙은 '**II**', '**Jr.**'의 기재형식은 '**성** 빈칸 **이름** 콤마 빈칸 '**II**'/**Jr.**'로 기재한다.

2) **서명**

…. 본서명

…. 본서명: 부서명. ←부서명

…. 장제목. In: 가 길동, 나 길동, 편. 본표제 ←장의 제목이나 부분제목

*내용제목(부분제목, 장제목)은 해당 제목의 저자명 다음에 기재하고 본표제는 '**In: 본표제의 저자명. 본표제. 판차. 발행지: 발행사; 발행년. p. 인용면수나 수록면수**'의 형식으로 기재

3) 판차

… 서명. 개정판 … title. rev. ed.

… 서명. 제3정판 … title. 3th ed.

… 서명. 1999년판 … title. 1999, rev. ed.

… 서명. 개정증보판 … title. 2nd ed.

*판차는 내용에 개정이 있을 때 자료에 나타난 판차표시를 식별이 가능한 범위에서 간략히 기재한다.

4) 발행사항

발행지: 발행사; 발행년.

Place of Publication: Publisher; Year.

발행지: 발행처; 1951–63. ←다권본: 첫권 발행년-마지막권 발행년

Chicago: University of Chicago Press; 1951–63.

발행지: 발행사; 1999– . ←계속자료발행: 처음발행년에 '–'로 계속발행 표시

Chicago: Terpsichore Press; 1987– .

발행지: 발행사, 년도미상. ←발행년을 알수 없는 자료

Reading (MA): Addison-Wesley; n.d. ←발행지명이 식별이 필요한 경우

발행지: 발행사; 인쇄중. ←인쇄중인 자료

New York: Wiley & Sons; in press.

발행지: 발행사; [발행년]. ←발행년을 본자료 이외에서 기재한 것은 [ ]로 기재

Ames (IA): Iowa State University Press; [1846].

*발행사항은 **'발행지: 발행처(사); 발행년'**의 형식으로 기재하데 발행지명은 도시명(관용명)을 기재하고 식별이 필요한 경우는 상위지명의 약자를 ( )로 기재한다.

5) 인용면수

발행년. p. 95. ←내용의 문장(일부)인용

발행년. p. 112–23.

발행년. 제5장. ←내용의 장 인용

발행년. 제2권. ←다권본의 권 인용

발행년. 제2권, p. 107–18. ←다권본의 권의 면수 인용

*인용면수는 '**발행년** 마침표 빈칸 **p.** 빈칸 **인용면수나 수록면수** 마침표'형식으로 기재한다.

[예15] 1인, 2–6인 공저서 (Personal Author(s))

■ 참고문헌 형식

*) 저자 AA. 서명: 부서명. 판차. 발행지: 발행사; 발행년.

└ 서명과 저자, 서명과 판차, 판차와 발행사의 구분은 마침표'.'로 기재

┌ 공저자명은 6인까지 콤마','로 구분하여 기재

*) 저자 AA, 저자 BB, …, 저자 FF. 서명: 부서명. 판차. 발행지: 발행사; 발행년.

└ 발행사항의 기재는 '**발행지** 콜론 빈칸 **발행처** 세미콜론 빈칸 **발행년** 마침표'로 기재

*) Author AA, …, Author FF. Book Title: Subtitle. Edition. Place of Publication: Publisher; Year.

69) 장태원. 호흡기학: 폐혈관염 및 폐포출혈. 서울: 군자출판사; 2004. p. 549–61.

70) 김창종, 서병세. 일반병리학. 제3판. 서울: 신일상사; 2000.

=70) Kim CJ, Suh BS. General pathology. 3rd ed. Seoul: Shinil Co.; 2000.

71) 竹本忠良, 長廻紘. 消化管内視鏡 診斷テキストII. 第2版. 東京: 光文堂; 1988. p. 54–133.

72) 梁成鎬, 尹政義, 石根永, 安哲佑, 趙甲衍, 玄載哲. 新稿 食品衛生學. 서울: 修學社; 1995.

73) Bland M. An introduction to medical statistics. 2nd ed. Oxford: Oxford University Press; 1995.

74) Gaw A, Murphy MJ, Cowan RA, O'Reilly DSJ, Steward MJ, Shepherd J. Clinical biochemistry: an illustrated colour text. 3rd ed. Edinburgh: Churchill Livingstone; 2004. p. 55–6.

*동양어로 표시된 동양인명은 성명으로 기재하고, 영어형식의 저자명은 '**성 이름**(이름의 처음자 약자를 붙임)'으로 기재한다.

[예16] 6인 이상의 공저서 (More than Six Authors)

75) 이광자, 김문실, 김수지, 김옥수, 변영순, 신경림, 등. 가족건강과 간호. 제3개정판. 서울: 이화여자대학교 출판부; 2001.

76) 강진경, 송인성, 장린, 이종철, 정인식, 유권, 등. 위장병백과: 위장병47문답. 서울: 민중서관; 1999. (최신가정의학백과 07).

77) 土屋周二, 富永祐民, 成澤富雄, 小林世美, 酒井義浩, 暦伊正義, 他. 大腸癌. 東京: 中山書店; 1992.

78) Hoffman R, Benz EJ, Jr, Shattil SJ, Furie B, Cohen HJ, Silberstein LE, et al. Hematology: basic principles and practice. 3rd ed. New York: Churchill Livingstone; c2000.

*6인 이상의 공저자는 6인까지 기재하고 '**등**' '**et al.**'를 표기하고 7인 이상은 생략한다.

[예17] 단체의 저서 (Organization as Author and Publisher)

■ 참고문헌 형식

- 내용에 책임이 있는 단체명을 저자명 기재 형식으로 기술
- 간행물명을 단행본 서명과 동일한 방법으로 기재
- 발행사항은 단행본과 동일한 형식으로 기재

*) 단체명. 간행물명. 발행지: 발행사; 발행년. 인용면수. 정부문서번호.

- 정부문서번호가 있을 때 기재
- 발행사(처)와 저작단체명이 동일할 때는 발행사명을 간략히 기재

- 내용에 책임이 있는 단체명을 기재
- 내용의 한 장을 인용한 경우는 장명을 기재
- 간행물명은 '**In:**'으로 표제지 문자로 기재

*) 단체명. 장의 제목. In: 간행물명. 발행지: 발행사; 발행년. 인용면수. 정부문서번호.

- 정부간행물번호는 기술의 말미에 기재
- 발행사항은 단행본과 동일
- 인용면수는 p.로 기재

79) 전남대학교, 의과대학증례토의편찬위원회, 편. 증례토의모음. 1998학년도. 광주: 전남대학교 출판부; 1999.

80) 대구광역시의사회, 편. 大邱市醫師會五十年史. 대구: 동 의사회; 1998.

81) 老人泌尿器科學會, 編. 高齢者排尿障害マニュアル: より適切な對應ほめざして. 東京: メデイカルレビユ一社; 2005.

82) American College of Sports Medicine. ACSM's resource manual for guidelines for exercise testing and prescription. 5th ed. Philadelphia: Lippincott Williams & Wilkins; c2001. p. 1−72.

*서명의 범위를 나타낸 년도는 서명에 ','로 구분하여 기재한다.

*한 단체에서 저작, 발행한 자료는 저자명에는 완전명을 기재하고, 발행사에는 약식으로 기재한다.

저자명	발행사
유해화학물질관협회	**동 협회**
Institute of Medicine (US)	**The Institute**

└─ 단체명이 식별이 필요한 경우 국명을 ( )에 부기

83) World Health Organization. World health statistics annual. Geneva, Switzerland: World Health Organization; 1995.

84) Scientific Advisory Committee on Nutrition, Committee on Toxicology. Advice on fish consumption: benefits and risks. London, United Kingdom: TSO; 2004.

85) 질병관리본부. 전염병통계연보: 2004. 서울: 질병관리본부; 2005. 정부간행물 발간등록번호 11-1460193-000004-10.

=85) Korea Center for Desease Control & Prevention. Communicable diseases statistical yearbook: 2004. Seoul: The Center; 2005.

86) 보건복지부. 보건복지통계연보. 제50호(2004). 서울: 보건복지부; 2004.

=86) Ministry of Health and Welfare. Yearbook of health and welfare statistics. 50th ed.(2004). Goa Chen: Ministry of Health and Welfare; 2004. 발간등록번호 11-146000-000006-10.

87) 農林水産技術會議事務局, 編. 食品の生體調節機能に關する研究. 東京: 農林統計協會; 2006.

[예18] 편저서 (Editor(s), Complier(s) as Author)

(1) 저자로서의 편저자

■ 참고문헌 형식

> 저자가 없는 편저서는 '**편저자. 서명: 부서명.**'의 형식으로 편자를 먼저 기재
>
> *) 편저자 AA, …, 편저자 FF, 편저. 서명: 부서명. 발행지: 발행사; 발행년.
>
> 편저자는 '**편**', '**editor** 또는 **editors**'라는 역할어를 기재
>
> *) Editor AA, …, Editor FF, editors. Book Title. Place of Publication: Publisher; Year.

88) 이기환, 강길전, 편. 산모, 태아 그리고 출산. 대전: 충남대학교 출판부; 2001.

89) 박상갑, 김종인, 이언호, 윤영학, 이성재, 윤미숙, 등, 편. 임상운동처방론. 부산: 동아대학교 출판부; 2001.

90) 서울대학교, 약학교육연수원, 편. 의약품집. 서울: 서울대학교 출판부; 2002.

91) 大腸癌研究會, 編. 大腸癌取扱い規約. 改訂第5版. 東京: 金原出版株式會社; 1994.

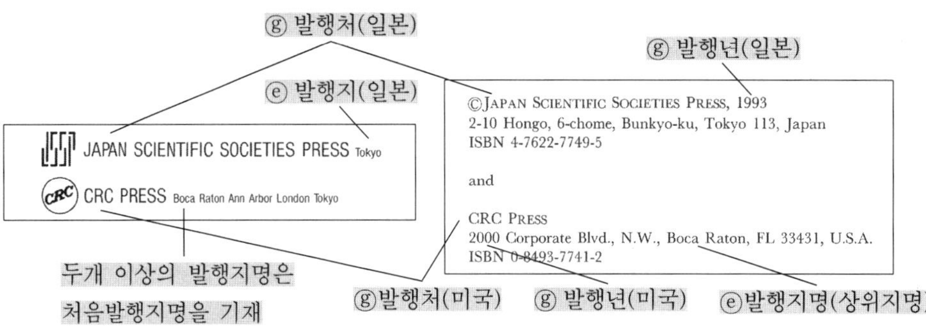

ⓔ 발행지(일본) ⓕ 발행처(일본) ⓖ 발행년(일본)

92) Hirokawa N, editor. Neuronal cytoskeleton: Morphogenesis, transport and synaptic transmission. Tokyo: Japan Scientific Societies Press; 1993; Boca Raton (FL): CRC Press; 2000.

ⓖ 발행년(미국) ⓕ 발행처(미국) ⓔ 발행지(미국)

93) Mestecky J, Russell MW, Jackson S, Michalek SM, Tlaskalová-Hogenová H, Sterzl J, editors. Advances in mucosal immunology. New York: Plenum Press; 1995. part A. (Advances in experimental medicine and biology vol. 371A)

(2) 저자가 있는 편저자 및 번역자

■ 참고문헌 형식

> ┌ 저자가 있는 편저서는 '**저자. 서명: 부서명. 편자**'의 형식으로 기재
>
> *) 저자 AA, …, 저자 FF. 서명: 부서명. 편저자/번역자 AA, …, 편저자/번역자 FF, 편/역.발행지: 발행사; 발행년.
>
> └ 편저자/번역자는 서명 다음에 '**편/역**', '**editor(s)/translator(s)**'라는 역할어와 함께 기재
>
> *) Author AA, …, Author FF. Book Title. Editor/Translator AA, …, Editor/Translator FF, editors/Translator. Place of Publication: Publisher; Year.

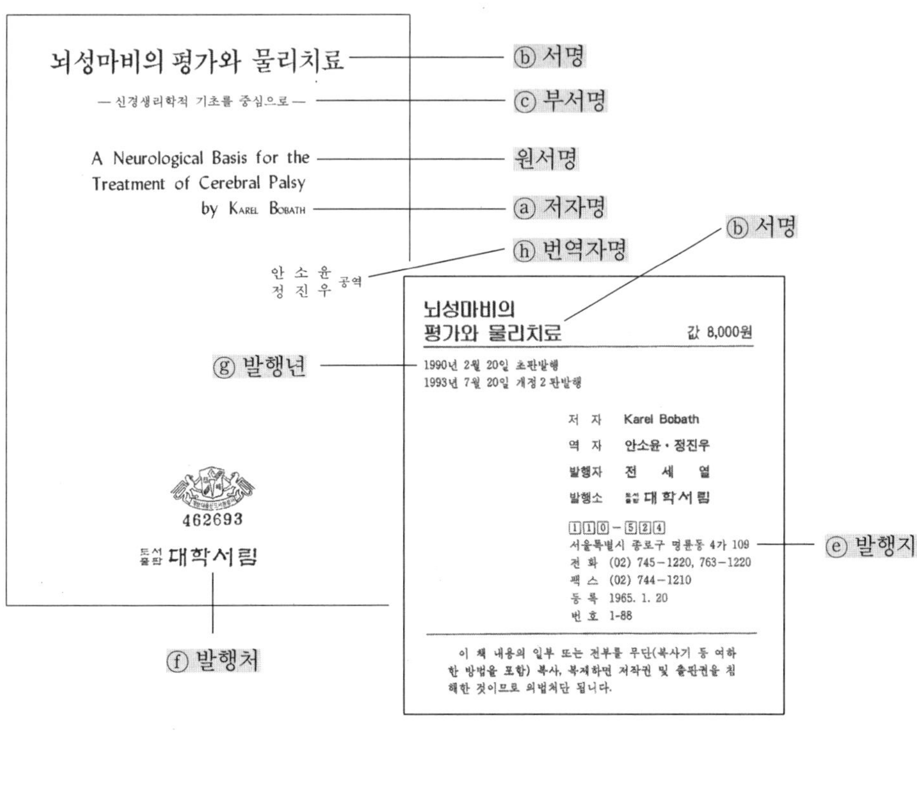

ⓐ 저자명 ⓑ 서명 ⓒ 부서명

94) Bobath K. 뇌성마비의 평가와 물리치료: 신경생리학적 기초를 중심으로. 안소윤, 정진우, 공역. 서울: 대학서림; 1993.

ⓗ 번역자명 ⓔ 발행지 ⓕ 발행처 ⓖ 발행년

95) Lindsay KW, Bone I. 임상신경학. 이광우, 편저. 4판. 서울: E*Public; 2006.

96) 關 千代子, 名倉秀子, 藤原尚子, 藤井惠子, 水野文夫, 宮原公子. 給食經營管理論. 君羅 滿, 岩井 達, 松崎政三, 編著. 東京: 建帛社; 2005.

97) 近藤四郎. 발의 기능과 어린이의 성장. 이역숙, 역. 광주: 전남대학교출판부; 1997.

98) Gray H. Anatomy of the human body. 29th American ed. Goss CM, editor. Philadelphia: Lea & Febiger; c1973.

[예19] 리플렛/팸플릿 (Leaflet or Pamphlet)

99) 당뇨병의 식이요법 [팸플릿]. 대구: 이원기내과의원; n.d.

100) 당뇨병을 바로 알자 [팸플릿]. 서울: 한독약품 아벤티스파마; n.d.

101) Lamasil [package insert]. East Hanover (NJ): Sandoz Pharmaceuticals Corp; 1993.

[예20] 개정서 (Edited Book)

■ 참고문헌 형식

*) 저자명, 저자명. 서명: 부서명. 판차. 발행지: 발행사(처); 발행년.

└ 내용에 개정이 있을 때 개정의 회차, 개정년도, 특수판 표시 등을 자료에 나타난 대로 서명 다음에 식별이 가능 한 간략형으로 기재

102) 안윤옥, 유근영, 박병주. 실용 의학통계론. 전정판. 서울: 서울대학교 출판부; 1997.

103) 大鶴正滿, 編. 臨床寄生蟲學. 改訂第4版. 東京: 南江堂; 2004.

104) Heyward VH. 체력평가와 운동처방. 제3판. 장경태, 최대혁, 박현, 고영완, 이대택, 김상원, 공역. 서울: 한미의학; 1998.

105) Fastl H, Zwicker E. Psycho-acoustics: facts and models. Second updated edition. Berlin: Springer; 1999.

106) Adrian MJ, Cooper JM. Biomechanics of human movement. 2nd ed. Madison: Brown & Benchmark; 1995.

[예21] 저자불명 저서 (No Author given)

■ 참고문헌 형식

*) 서명: 부서명. 발행지: 발행처(사); 발행년.

└ 서명을 바로 자료에 나타난 문자로 서명기재형식에 따라 기재

107) 醫學用語集: 英韓, 韓英. 서울: 大韓醫學協會; 1984.

=107) Medical terminology: English Korean/Korean English. Seoul: Korean Medical Association; 1984.

108) 예방의학과 공중보건. 서울: 계축문화사; 1992.

109) 免疫學への招待. 東京: 南江堂; 2004.

110) Early detection of occupational disease. Geneva: World Health Organization; 1986. p. 165.

*저자불명의 저서는 연번(주 번호) 다음에 서명을 바로(서명 기재형식) 기술한다.

*발행지명의 식별이 필요한 경우는 '**지명 (상위지명)**'의 형식으로 기재한다. 기재되는 상위지명은 약자로 기재한다.

[예22] 다권본 및 부분 제목 (Chapter in a Book)

■ 참고문헌 형식

- 개인명: 동양인명. **성 이름**. 서양인명. **성 이름**(약어)으로 기재.
  단체명: 식별이 필요한 단체명은 **'상위단체명, 하위단체명'**의 형식으로 기재
- 도서는 **'In:'**로 **'저자명. 서명. 판차. 발행사항'**의 형식으로 기재
- 장제목을 기재
- 공편자 간에는 콤마','로 구분

*) 저자 AA, …, 저자 FF. 장 제목. In: 편저자 AA, …, 편저자 FF, 편. 서명. 판차. 발행지: 발행사; 발행년. 권표시, 수록면수.

- 역할어 표시
- 장이 속한 다권본은 권과 수록면수, 단권은 수록면수만을 기재
- 발행사항은 단행본과 동일
- 판차는 도서명 다음에 '.'로 구분 자료에 나타난 대로 기재

*) Author AA, …, Author FF. Chapter Title. In: Editor AA, …, Editor FF, editors. Book title. Edition Number. Place of Publication: Publisher; Year. Volume number, Pagination.

(1) 부분 제목 및 장 제목

111) 유동준. 류마토이드 관절염의 약물요법. In: 윤태현, 조수호, 이용성, 문명상, 박병문, 김남현, 등. 신경통 百科. 서울: 민중서관; 1999. p. 122-34.

112) 이명철. 양전자방출단층촬영(PET). In: 고창순, 편. 핵의학. 제1판. 서울: 고려의대; 1992. 제23장.

113) 多田正大, 井形榮司. 潰瘍性大腸炎の內視鏡診斷. In: 朝倉 均, 多田正大, 編. 炎症性腸疾患の臨床: 診斷から治療まで. 第1版. 東京: 日本メディカルセンター; 1998. p. 38.

114) Cupp AS, Skinner MK. Embryonic sertoli cell differentiation. In: Skinner MK, Grisword MD, editors. Sertoli cell biology. Amsterdam: Elsevier Inc.; 2005. p. 43-70.

115) Williams MH Jr, Shim C. Clinical evaluation. In: Weiss EB, Stein M, editors. Bronchial asthma: mechanisms and therapeutics. Toronto: Little, Brown & Co; 1993. chapter 35.

(2) 다권본의 권 또는 부분 인용

116) Rhodes R. 삶과 죽음. In: 원자폭탄 만들기. 문신행, 옮김. 서울: 민음사; 1995. 하, p. 9-64.

117) 山中康裕, 森野札一, 村山正治, 編. 原理·理論. In: 臨床心理學. 大阪: 創元社; 1995. 第1卷.

118) Nervous system. In: Netter FH, preparator. The Ciba Collection of medical illustrations. Brass A, Dingle RV, editors. Summit (NJ): Ciba Geigy Co.; 1994. vol. 1.

119) Tijssen P. Practice and theory of enzyme immunoassays. In: Burdon RH, van Knippenberg PH, editors. Laboratory techniques in biochemistry and molecular biology. Amsterdam: Elsevier; 1985. vol. 15, p. 76-80.

[예23] 총서명이 있는 도서

120) 황상익. 역사와 사회 속의 의학. 서울: 명경; 1995. p. 11-98. (보건과 사회 총서; 6).

121) 長坂昌一郎, 宮本佳代子, 松田康子. 糖尿病の人の食事: 最新「五訂食品標準成分表」對應. 東京: 女子榮養大學出版部; 2006. (健康21シリーズ; 1).

122) American Institute for Cancer Research, editor. Dietary phytochemicals in cancer prevention and treatment. New York: Plenum Press; 1996. (Advance in experimental medicine and biology; vol. 401)

123) Bennett GL, Horuk R. Iodination of chemokines for use in receptor binding analysis. In: Horuk R, editor. Chemokine receptors. New York (NY): Academic Press; 1997. p. 134-48. (Methods in enzymology; vol 288).

[예24] 법령 (Legal Material)

■ 참고문헌 형식

법령명을 기재
법률번호, 통과시킨 국회회기를 기재
특정조문의 인용은 조문번호를 기재

*) 법률명, 법률번호, 회기 (공포일), 인용조번호.

구분기호는 ','로 기재 공포년월일은 회기 다음에 ( )로 기재

124) 의료법시행령, 대통령령 제15883호 (1998년 9월 14일), 제3조.

125) 의료법, 법률 제5454호 (1998년 12월 29일).

126) Pharmacy Act 1976 (Qld)

127) Airlines Equipment Amendment Act 1981 (Cwlth), s. 19(1)(a)(ii)

128) Public Service Regulations (Cwlth), r.83(2)(a)(ii)
s = section of act. r = regulation

129) Marine Parks Act 1932, QLD [statute on the Internet]. 2004 [cited 2005 June 15]. Available from: http://www.legislation.qld.gov.au/OQPChome.htm

130) Preventive Health Amendments of 1993, Pub. L. No. 103-183, 107 Stat. 2226 (Dec. 14, 1993).

131) Medical Records Confidentiality Act of 1995, S. 1360, 104th Cong., 1st Sess. (1995).

[예25] 사전 및 백과사전의 기사 (Dictionary and Similar References)

■ 참고문헌 형식

기사명과 수록 권면수를 사전의 서지기술 말미에 기재한 예

*) 백과사전명. 판차. 발행지: 발행사; 발행년. 기사명; 수록 권, 면수

기사명을 사전의 서지기술 앞부분에 기재하고 수록면수를 말미에 기재한 예

=*) 기사명. In: 백과사전명. 판차. 발행지: 발행사; 발행년. 수록 권, 면수

*) Encyclopedia Name. Edition number. Place of Publication: Publisher; Year. Article title; Volume Number, Pagnation.

=*) Article title. In: Encyclopedia Name. Edition number. Place of Publication: Publisher; Year. Volume Number, Pagination.

132) 圖解醫學用語辭典. 서울: 한국사전연구사; 2002. X선촬영실; p. 572-3.

=132) X선촬영실. In: 圖解醫學用語辭典. 서울: 한국사전연구사; 2002. p. 572-3.

133) Rush-Presbyterian St. Luke's Medical Center. Medical Encyclopedia: your guide to good health. Chicago: World book, Inc.; 1991. Cardiovascular system; p. 158-9.

=133) Cardiovascular system. In: Rush-Presbyterian St. Luke's Medical Center. Medical Encyclopedia: your guide to good health. Chicago: World book, Inc.; 1991. p. 158-9.

134) Stedman's medical dictionary. 25th ed. Baltimore: Williams & Wilkins; 1990. Linea; p. 881-82.

=134) Linea. In: Stedman's medical dictionary. 25th ed. Baltimore: Williams & Wilkins; 1990. p. 881-82.

135) Gail MH, Benichou J, editors. Encyclopedia of epidemiologic methods. Chichester: John Wiley & Sons; 2000. Demography; p. 296-300.

136) Hanrahan C. Valerian. In: KrappK, Longe JL, editors. The Gale encyclopedia of alternative medicine. Michigan: Gale Group; 2001. vol 4, p. 1768-70.

[예26] 성서 (Book of the Bible)

■ 참고문헌 형식

*) 경전명. 판차. 발행지: 발행처(사); 발행년. 인용책명 장:절.

- 경전명: 인용자료의 경전명(서명)을 단행본과 동일한 방법으로 기재
- 판차: 판차는 'version'을 기재
- 발행지: 발행처(사); 발행년: 발행사항은 단행본과 동일
- 인용책명: 인용책명은 성서 내의 개개의 자료명을 정해진 약어로 기재
- 장:절: 장 절은 ':'으로 구분, 아라비아 숫자로 기재

137) 성경전서. 표준새번역개정판. 서울: 대한성서공회; 2001. 누가 4:1-13.

138) Goods news Bible. Today's English version. Seoul: United Bible Societies; 1992. Exodus 6:2-13.

[예27] 고전자료 (Classical Material)

139) The Winter's tale: act 5, scene 1, lines 13-16. The complete works of William Shakespeare. London: Rex; 1973.

[예28] 영어 이외의 문자로 된 도서 (Book not in English)

■ 참고문헌 형식

인용자료의 문자로 된 저자명 / 자료자체의 서명을 기재 / 본서명을 영역한 서명을 [ ]로 부기

*) 저자 AA, …, 저자 FF. 서명 [영어로 번역된 서명]. 판차. 발행지: 발행처(사); 발행년. (언어표시)

발행사항은 자료의 정보원으로 기재 / ( )에 본서명의 언어를 표시 / 판차는 자료에 표시된 판차를 기재

140) Instituto Brasileiro de Geografia e Estatistica, Estudo Nacional da Despesa Familiar. Tabela de composicao de alimentos [Food composition table]. 5th ed. Rio de Janeiro, Brazil: IBGE; 1996 (in Portuguese).

141) Buber M. Das Problem des Menschen [The problem of man]. Heidelberg: Lambert Scheider Verlag; 1948 (in German).

*통상적으로 상용되지 않는 영어 이외의 문자로 된 서명은 그대로 기재하거나, [ ]에 영어로 번역한 서명을 기재한다. 그리고 말미에 사용 언어명을 ( )에 표기한다.

VIII. 특수자료

[예29] 비디오녹화자료 (Video Recordings)

■ 참고문헌 형식

자료명은 단행본과 동일한 형식으로 기재
'**비디오녹화자료**'라는 자료유형을 [ ]로 기재

*) 저자 AA, …, 저자 FF. 자료명 [자료유형표시]. 발행지: 발행사; 발행년.

발행사항은 단행본과 동일한 방법으로 기재

142) 김진홍. 초음파 내시경 검사. In: 대한소화기내시경학회, 기획. 식도종양의 내시경적 진단 및 치료 [비디오녹화자료]. 제18회 대한소화기내시경학회세미나; 1998년 4월 12일; 서울. 서울: 두성통상; 1999.

143) 김기황. 간의 공간점유병소에 대한 초음파진단. In: 순천향대학병원 소화기내과, 기획. 제1회 복부초음파 진단 및 내시경적 초음파단층촬영술 워크샵 [비디오녹화자료]; 1995년 4월 2일; 순천향대학병원 복부초음파실 및 임상강의실. 서울: 현대음향주식회사; 1995.

144) Get the facts (and get them organised) [videocassette]. Williamstown (Vic): Appleseed Productions; 1990.

145) Chason KW, Sallustio S. Hospital preparendness for bioterrorism [videocassette]. Secaucus (NJ): Network for Continuing Medical Education; 2002.

[예30] 지도 (Map)

146) 한국도로지도 [지도]. 서울: 한국이동통신; n.d.

147) 日本, 國土地理院. 立山國土地理院五萬分一集成圖 [지도]. 東京: 同 地理院; 昭和43[1968].

148) 서울대학교병원 [약도]. [2006년 6월 19일 검색]. http://kr.sch.gugi.yahoo.com/search/gugi?type=GugiMap&p=종합병원&…

149) Feigenbaum H, Armstrong WF, Ryan T. Feigenbaum's echocardiography [video atlas]. 6th ed. [S.l.]: Lippincott Williams & Wilkins; c2005.

150) Arizona State University, The Laboratgory of Climatology. Climatology maps of Arizona [climatologic map]. Phoenix, Arizona: Arizona Resources Information System; 1975.

151) North Carolina. Tuberculosis rates per 100,000 population, 1990 [demographic map]. Raleigh: North Carolina Dept. of Environment, Health, and Natural Resources, Div. of Epidemiology; 1991.

[예31] 특허자료 (Patent)

■ 참고문헌 형식

특허권자는 연속간행물과 동일한 방법으로 기재

특허청이 제공한 특허번호를 기재

***) 특허권자 AA, …, 특허권자 FF; 수탁자. 특허자료명. 특허번호. 등록일자.**

특허를 요구한 자료명을 기재

수탁자가 있을 때 기재

152) 엠디웨어. 환자 중심의 전자의무기록 데이터 구성 장치 및 그 조회방법. 특허출원 제0544512호. 2006년 1월 12일.

153) Schatten GP, inventor. Government interest patent: NIH R37 HD 12913 and 2 Rwr RR013632-06, awarded by NIH, The NIH claims rights in. US patent application number 20,040,268,422. 2004 December 30.

154) Larsen CE, Trip R, Johnson CR, inventors; Novoste Corporation, assignee. Methods for procedures related to the electrophysiology of the heart. US patent 5,529,067. 1995 Jun 25.

[예32] 전자자료 (Electronic Material)

(1) 컴퓨터 프로그램 (Computer File)

155) 블루엣 인터내셔널. 블루엣 [컴퓨터 소프트웨어]. 버전 1.5. 부산: 블루엣 인터내셔널; 2000.

156) Bikley JS. GAUSSIAN82 [computer program]. Pittsburgh (PA): Department of Chemistry, Camegie Mellon University; 1982.

157) EpiInfo [computer program]. Version 6. Atlanta (GA): Centers for Disease Control and Prevention; 1994.

(2) Home Page/World Wide Web

■ 참고문헌 형식

저자 ─ 도서자료와 동일한 형식으로 기재
자료명 ─ 도서자료와 동일한 형식으로 기재
[자료유형표시] ─ 자료유형은 '**홈페이지**'나 '**Homepage on the Internet**'로 기재
발행지: 발행자(처); 발행년 ─ 발행사항은 필요한 경우 단행본과 같이 기재

*) 저자. 자료명 [자료유형표시]. 발행지: 발행자(처); 발행년 [검색 년월일]. URL주소.

URL주소 ─ '**Available from:**'과 전자자료의 주소를 기재
[검색 년월일] ─ 접근일자를 '**연 월 일 검색/인용**'의 형식으로 [ ]에 기재

「World Wide Web」

저자 ─ 도서자료와 동일한 형식으로 기재
자료명 ─ 도서자료와 동일한 형식으로 기재
[검색 연월일] ─ 접근일자를 [ ]로 기재

*) 저자. 자료명. Website명. [검색 연월일]. URL주소.

URL주소 ─ '**Available from:**'과 Website의 주소를 기재

158) 계명대학교 동산의료원 [Online]. 대구: 계명대학교 동산의료원; c1999-2005 [2006년 3월 20일 검색]. 인터넷주소: http://www.dsmc.or.kr/

159) 박재호내과 [Homepage]. 대구: 박재호내과; c1999-2003 [2006년 3월 19일 검색]. 인터넷주소: http:www.rhbest.com/

160) ANZAC Research Institute [homepage on the Internet]. Sydney: ANZAC Research Institute; 2003 [updated 2005 Jan; cited 2006 Mar 17]. Available from: http://www.anzac.edu.au/

161) 日本女子大學圖書館ガイダンスe-learning [homepage]. 東京: 同 圖書館; 2005 [2006년 5월 15일 검색]. 인터넷주소: http://www.lib.jwu.ac.jp/mejiro/dswmedia/start.html

162) Griffith Universitry [homepage on the Internet]. Brisbane: Griffith University; 2006 [cited 2006 May 15]. Available from: http://www.griffith.edu.au.

「World Wide Web」

163) 계명대학교 의학도서관. EndNote이용안내. KUMEL Onlin. [2006년 3월 20일 검색]. 인터넷주소: http://medlib.dsmc.or.kr

164) 의료기관별 외래주사제 처방률 공개. 건강보험심사평가원. [2006년 5월 15일 검색]. 인터넷주소: http://www.hira.or.kr/cms/rf/rfa_intro/1184635_1194.html?MD=01_01

165) Kilmartin M. Women in GP: a strategy for women GPs. RACGP Online. [cited 2003 July 30]. Available from: http://www.racgp.org.au/

(3) 전자저널 (Journal Article in Electronic Format)

■ 참고문헌 형식

연구자명은 연속간행물과 동일

논문명, 연속간행물명, 연월차는 연속간행물과 동일한 방법으로 기재

자료유형을 [ ]로 기재

*) 저자 AA, …, 저자 FF. 논문명. 연속간행물명 [전자저널]. 연월차 [검색일자];권(호):[screens 수]. Available from: http….

화면수를 확인 할 수 있을 때는 화면수를 [ ]로 기재

사이트의 접속을 위한 주소 기재

권호는 연속간행물과 동일한 방법으로 기재

접속일자는 자료를 검색/인용한 연월일을 기재하고 **'검색'** 또는 **'인용'**을 표시

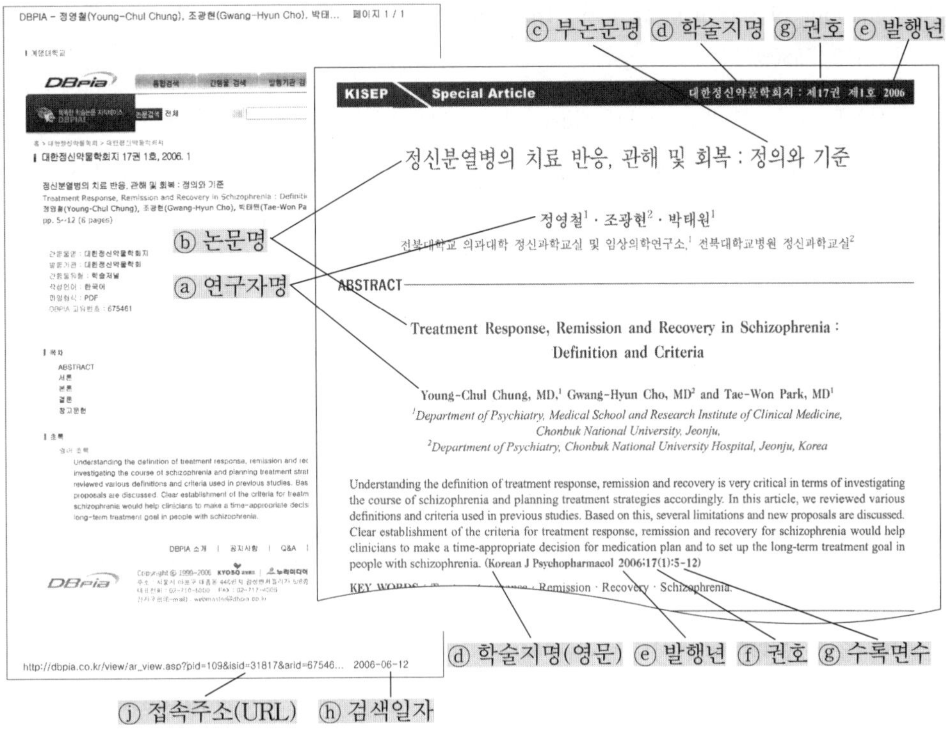

ⓐ 연구자명 ⓓ 학술지명 ⓑ 논문명 ⓔ 연월차 ⓗ 검색일자 ⓒ 부논문명

166) 정영철, 조광현, 박태원. 정신분열병의 치료 반응, 관해 및 회복: 정의와 기준. 대한정신약물학회지 [전자저널] 2006년 1월 [2006년 6월 12일 검색]; 17(1):5-12. http://dbpia.co.kr/view/is_view.asp?pid=109&isid=31817&arid=67546…

ⓕ 권호 ⓖ 수록면수 ⓙ 인터넷주소(URL) ⓚ 자료유형

167) 한경자, 이은옥, 김매자, 박영숙, 하양숙, 송미순, 등. 항암화학요법 종료 시기 암환자의 요구. 종양간호학회지 [전자저널] 2006년 8월 [2006년 6월 20일 검색]; 5(2):107-15. http://dbpia.co.kr/view/is_view.asp?pid=561&isid=30574&arid=655490&topMenu=4…

168) Purandare N, Burns A, Daly KJ, Morris J, Macfarlane G, McCollum C. Celebral emboli as a potential cause of Alzheimer's disease and vascular dementia: case-control study. BMJ [serial on the Internet] 2006 April 28 [cited 2006 May 18]; 332:1119-24

[about 14 screens]. Available from: http://bmj.bmjjournals.com/cgi/content/full/332/7550-1119

169) Busch MP, Wright DJ, Custer B, Tobler LH, Stramer SL, Kleinman SH, et al. West Nile virus infections projected from blood donor screening data, United States, 2003. Emerg Infect Dis [serial online] 2006 Mar [cited 2006 Mar 17]; 12(3):[18 screens]. Available from: http://www.cdc.gov/ncidod/eid/vol12no03/05- 1287.htm

(4) 전자도서 (Monograph in Electronic Format)

■ 참고문헌 형식

저자명은 단행본과 동일한 방법으로 기재

자료명은 단행본과 동일한 형식으로 기재

자료유형은 '**전자도서**'를 [ ]로 기재

발행사항은 단행본과 동일

***) 저자 AA, …, 저자 FF. 자료명 [전자도서]. 발행지: 발행자, 발행년 [검색일자]:[screens 수]. Available from: http….**

화면수를 확인 할 수 있을 때는 화면수를 [ ]로 기재

사이트의 접속을 위한 주소를 기재

접속일자는 자료를 인용/검색한 연월일을 '**인용**' 또는 '**검색**'이라는 용어와 함께 기재

170) 김우호. 바이러스의 세계 [전자도서]. 서울: 전파과학사; 2006 [2006년 6월 12일 검색]. http://203.227.25.6:8082/Main/Detail.asp?book_num=04147432&Branch2=A903

171) Medicinal natural products [monograph on the internet]. 2nd ed. Chichester: Wiley; 2001 [cited 2006 June 19]. Available from: http://www3.interscience.wiley.com/cgi-bin/booktoc/88013686

172) Streips UN, Yasbin RE. Modern microbial genetiocs [monograph on the internet]. 2nd ed. Chichester: Wiley; 2002 [cited 2006 June 19]. Available from: http://www3.interscience.wiley.com/cgi-bin/booktoc/95016490

173) USDA Food and Nutrition Information Center. USDA's food guide pyramid booklet [monography on the internet]. 1992 [updated 1996, cited 2005 Feb 17]. Available from: http://www.cnpp.usda.gov/pyramid.html.

174) Donaldson MS, editor. Measuring the quality of health care [monograph on the internet]. Washington: National Academy Press; 1999 [cited 2004 Oct 8]. Available from: http://legacy.netlibrary.com/

(5) CD-ROM / DVD

■ 참고문헌 형식

단행본과 동일

자료명에는 [ ]로 자료유형을 **'CD-ROM'**, **'DVD'** 등을 기재

제작자를 역할어와 함께 기재

*) 저자 AA, …, 저자 FF. 자료명 [자료유형]. 제작자 AA, 제작자 BB, 역할어. 판차. 발행지: 발행사; 발행년.

발행사항은 단행본과 동일

판차는 단행본과 동일

175) 2002년 고지혈증과 심혈관 질환 내과 개원의 세미나 [CD-ROM]. 서울: 한국화이자제약주식회사; 2002.

176) 울산의대 서울아산병원 심초음파실. Adult congenital heart disease [CD-ROM]. 서울: 동 초음파실; n.d.

=176) Adult Echocardiography Laboratory Asan Medical Center, University of Ulsan. Adult congenital heart disease [CD-ROM]. Seoul: The Center; n.d.

177) 윤호중. Mitral valve disease: focused on valve prolapse. In: 계명의대 순환기내과, 심혈관 연구소, 편. 기초적인 심초음파도 해설과 live demo [CD-ROM]. 3rd Dongsan echo workshop; 2004; 대구. 대구: 동 연구소; 2004.

178) 레스틸렌(화인라인), 필레인 최신 시술 테크닉 III [CD-ROM]. The 1st restylane injection hands-on training video; 2001 May; Seoul. 서울: www.restylane.co.kr

179) Paracetamol. Martindaleanjf the extra pharmacopoeia. In: International Healthcare Series [CD-ROM]. Englewood (CO): Micromedex; 1998.

180) 인제대학교 백병원. 白病院 年報 [DVD]. 2004年度. 서울: 인제대학교 백

병원; 2004.

181) Daniel RK. 비성형술 [DVD]. 한기환, 옮김. 서울: 군자출판사; n.d.

ⓐ 편저자명　　　　　　　　ⓑ 자료명

182) Koss LG, Melamed MR, editors. Koss' diagnostic cytology and its histopathologic bases [DVD-ROM]. 5th ed. [S.l.]: Lippincott Williams & Wilkins; c2006.

ⓚ 자료유형　ⓓ 판차　ⓔ 발행지(미상)　ⓕ 발행처　ⓖ 발행년

183) CDI, Clinical dermatology illustrated [monograph on CD-ROM]. Reeves JRT, Maibach H. CMEA Multimedia Group, producers. 2nd ed. Version 2.0. San Diego: CMEA; 1995.

「CD-ROM 잡지」

184) Gershon ES. Antisocial behavior. Arch Gen Psychiatry [Serial on CD-ROM] 1995;52:900–1.

IX. 표(Table) 및 그림(Figure)

1. 사용

논문을 작성하는 연구자는 초고에서부터 완성된 원고를 작성할 때까지 어떤 표가 꼭 필요한 지, 그것을 표로 할 것인지, 그래프로 바꿀지 혹은 본문에서 설명할지 등에 대해 심사숙고한 후 결정해야 한다. 논문의 본문에 몇 줄의 문장으로도 쉽게 요약될 수 있는 내용을 표로 만드는 경우는 없어야 하며, 어떤 표는 본문 설명이 아닌 그림으로 대체되어야 적당한 것도 있다. 여러 가지 변수 사이의 상호관계를 나타낼 경우는 막대그래프나 선그래프 등을 이용하는 것이 좋으며, 수치에 대해 정확한 값을 보여 주어야 한다면 표를 사용하는 것이 좋다.

2. 작성

표와 그림의 작성 원칙과 요령은 ①번호와 제목, ②종렬 소제목, ③횡렬 소제목, ④표영역, ⑤각주로 짜여져 있다.

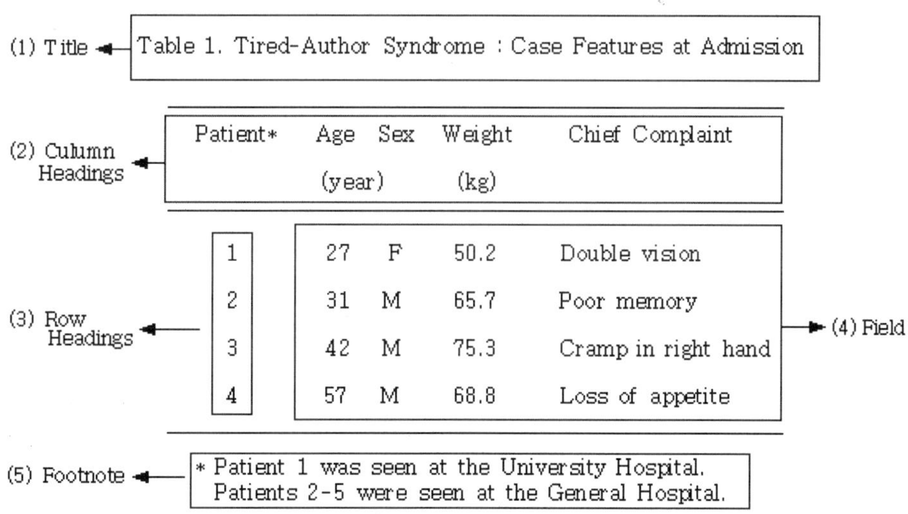

1) 번호와 제목

번호는 본문의 순서에 따라 번호를 'Table' 또는 'Figure'라는 제명으로 붙이고, 제목은 본문을 읽지 않아도 표나 그림의 내용을 쉽게 알아 볼 수 있도록 구체적이어야 한다. 표의 번호와 제목은 표의 최상단, 그림의 번호와 제목은 그림의 하단에 위치시키며 영문으로 문장(sentence)이 아닌 구(phrase)로 작성한다. 표나 그림의 제목이 독자들이 이해하기에 불충분할 경우는 자세한 내용을 각주에 기재할 수 있다.

2) 종렬 소제목(Column heading)

수치로 된 항목의 각 종렬 소제목은 측정치의 단위가 포함되어야 하고, 그 안에 있는 모든 항목에 적용될 수 있어야 한다. 여러 종렬을 하나의 묶음으로 만들 수 있으면 종렬 소제목을 묶은 제목으로 만들고 그 아래 각 종렬 소제목을 위치시킨다. 일반적으로 원인이나 방법 등의 독립변수 보다는 결과에 해당하는 종속변수를 세로줄 제목으로 하는 것이 좋다. 그러나 나열할 항목이 많아 잡지 한쪽에 모두 나열하기 어려울 정도로 클 때는 책을 돌려보게 하는 것 보다는 가로줄과 세로줄을 서로 바꾸는 쪽이 더 편할 수 있다.

3) 횡렬 소제목(Row heading)

표의 줄(row)을 설명하는 제목을 가로줄 제목(횡렬 제목)이라 한다. 여러 횡렬이 연관되어 묶음으로 만들 수 있으면 적절한 소제목으로 표시하여 각각의 연관성을 명백히 하는 것이 좋다. 논리적으로 동일한 등급의 제목은 서로 줄을 맞추어 적고, 세분류에 해당되는 제목들은 몇 자 뒤로 들여서 적는다. 수치일 경우 단위표시를 해야 하며 학술지의 형식에 따라 단위를 기입한다.

4) 표영역(field)

표 영역에는 숫자나 부호를 적는 경우가 많다. 종렬의 내용은 소제목 아래 중앙에 위치시키고 수치는 소숫점을 기준으로 맞춘다. 하나의 종렬에서는 단위가 혼합되지 않도록 해야 한다. 백분율의 사용에는 학술지에 따라 지침의 차이가 있으므로 주의하여야 하며, 숫자의 크고 작음에 따라 논문 내용의 신뢰도를 떨어뜨리지 않도록 사용 여부를 결정해야 한다.

보다 중요한 것은 표 안의 수치자료들이 논문 전체에서 동일한 값을 유지해야 한다는 점이며 모든 계산이 맞는지 철저히 확인하여야 한다. 일반적으로 숫자는 자리수를 맞추어야 하고, 소수점 이하 표기방식도 서로 같아야 한다. 빈칸은 반드시 0 또는 – 표시를 하거나 NA(not available) 또는 ND(not done)를 적어 주어야 한다.

5) 각주

각주는 연구 방법의 규정, 통계학적 처리 상태의 표시, 약어의 설명, 인용된 문헌 등의 언급 때 사용된다. 대부분의 학술지는 *, †, ‡, §, ‖, ¶, #, **, †† 의 순서로 사용하는 것을 권장하고 있으나, 학술지에 따라서는 각주방법에 차이가 있으므로 투고규정을 잘 살펴야 한다. 표나 그림의 각주는 최소한으로 줄여 꼭 필요한 세부 내용이나 약어를 설명하는 데에만 사용해야 한다.

6) 표의 작성

표는 double space로 작성해야 하며 일반적으로 가로선만을 사용한다. 각 표는 한 쪽 안에 들어가도록 하며 다음 쪽으로 계속해야 할 경우는 제목 마지막 부분에 "continued"라는 표시를 해야 하고 두 번째 쪽에도 소제목들을 다시 표시하여 표의 형태에 혼동이 없도록 해야 한다. 또한 학술지에 따라서는 각 논문에 수록할 수 있는 표의 숫자가 제한되어 있으므로 투고요령을 참조하여 표의 수를 결정해야 한다.

7) 기타

표는 수평이나 수직선을 넣지 않고 작성한다.

평균치의 표준편차나 표준오차 등은 통계적 측정치를 명시한다.

기존 표의 사용은 원저자의 허가를 받고 '감사의 말씀'을 기록한다.

3. 점검표

1.	제목이 소설체처럼 장황하지 않으면서도 충분히 서술적인가?
2.	줄과 칸이 깔끔하게 구성되어 있는가? 각 칸의 자료가 제목 아래 중앙에 정렬되어 있는가? 칸 제목들을 묶을 만한 공통 요소가 있는가? 칸 제목은 이탤릭체 같이 구분되는 글자체로 되어 있는가? 줄 제목에는 단위가 붙어 있는가?
3.	불필요한 자료, 반복되는 연구대상자수 표시, 지나친 정밀함, 의미가 모호한 약자들이 있지는 않는가? 이 표가 꼭 필요한지, 이렇게 자세하게 할 필요가 있는지, 이 단어를 약자로 써야 하는지를 검토해야 한다.
4.	본문을 보지 않고도 모든 항목의 의미를 명확히 알 수 있는가?
5.	모든 표와 그림을 완성한 후 두 개 이상의 표와 그림을 하나로 묶을 수 있는가?
6.	모든 표와 그림을 본문에서 언급했는가? 또한 순서대로 언급되었는가?

4. 도표(table) 및 그림(figure)의 예

Table 2. Comparison of LD50 according to Type of Leukemia

Drug	Control		ALL		AML	
	No*	LD50†	No	LD50	No	LD50
ADR‡	7	0.02	16	0.02	5	0.02
Ara-C§	6	0.06	18	0.03	6	0.04
VP16‖	6	0.14	13	0.04	4	0.09
Abnoba¶	9	0.59	8	0.75	1	0.23
As2O3#	6	2.15	13	1.95	4	2.69
Agaricus**	3	1.94	9	0.79	2	0.18

*Number of samples tested; † Drug concentration lethal to 50% of the cells; ‡ Adriamycin; §Cytarabine ; ‖ Etoposide ; ¶Abnoba viscum; #Mistletoe lectin; **Agaricus blazei murill

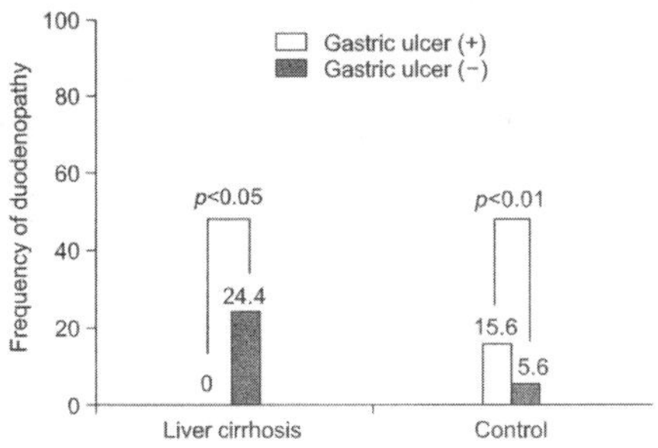

Figure 1. Frequencies of duodenopathy in both study groups in relation to the presence of gastric ulcer. Duodenopathy tends to present solely in patients with cirrhosis, which contrasts to the finding that duodenopathy usually occur in combination with gastric ulcer in controls.

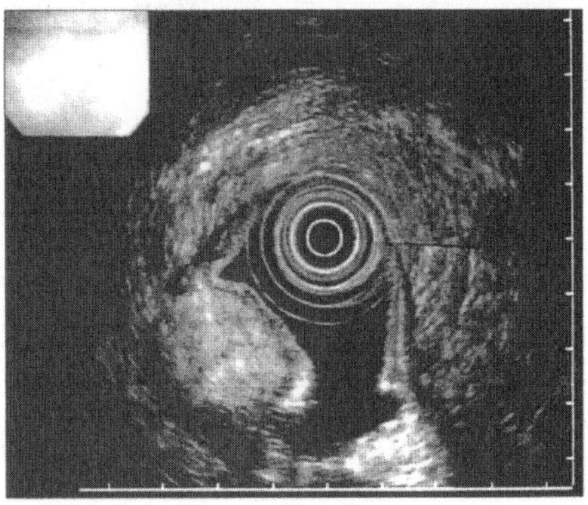

Figure 2. Endoscopic ultrasonographic findings. Endoscopic ultrasonography reveals a round hyperechoic mass within the submucosal layer at the prepyloric antrum.

삽화(Illustrations)와 사진(Figures)

*인용된 순서로 사진번호를 붙이고, 투고규정에서 정한 매수에 따라야 한다.

*삽화는 전문적으로 작성한 것이나 촬영한 것이어야 하고, 글자를 손으로 쓰거나 타자해서는 안 된다.

*선명한 흑백사진을 광택인화지(glossy paper)에 127×177 mm (5×7 inch) 크기로 인화하여 제시한다.

*사진크기는 203×254 mm(8×10 inch) 이내로 한다.

*글자, 숫자, 기호 표시는 출판과정에서 사진을 축소하더라도 독자가 읽을 수 있는 정도가 되어야 한다.

*그림제목과 설명은 별지에 모아 그림설명(legends for illustration)으로 작성한다.

*사진 뒷면에 사진번호, 저자명, 사진 상단표시(↑) 등을 딱지로 붙인다.

*사진은 접거나 종이에 붙이지 않아야 한다.

*현미경 사진은 확대비율을 표시한다.

*인물사진은 신상을 확인할 수 없게 하든지, 사진사용 허락을 받아야 한다.

*공공분야(public domain)문서를 제외한 모든 문서는 저자나 발행인의 허가가 있어야 한다.

그림설명

*그림설명은 별지에 2열 간격으로 타자나 인쇄한다.

*사진의 특정부분 표시인 기호, 화살표, 숫자 또는 문자는 그림설명에서 그 의미를 설명한다.

*현미경 사진은 확대 배율과 염색법을 그림설명에 명시한다.

X. Vancouver Style의 사용 실예

다음은 실제 내용을 Vancouver Style를 설명하기 위해 조작을 가한 예임을 밝혀둔다. 본문에 나타낸 주 번호는 ( )로 표시하는 방법과 위첨자 방법을 함께 제시하였다. 이용자는 이 방법 중 하나의 방법을 사용해야 한다.

■ 한국어 논문의 실예*

본 문

미국에서 대장암은 암으로 인한 사망원인의 두 번째로 전체 암 발행빈도의 15%를 차지한다(1-3).[1-3] 우리나라에서도 증가추세를 보이고 있어 2010년 이후에는 발생빈도가 서양의 수준에 도달할 것으로 예측된다(3).[3] 대장암은 전암성 병변인 선종단계에서 내시경 용종절제술로 제가하면 가장 효율적인 이차적 예방법이 된다(4).[4] 특히 진행성 선종은 선종이 없는 정상인에 비해 대장암의 발생빈도가 2.7배 높으므로 내시경 절제술의 목표 병변이 된다(5).[5] 대장암의 선별검사는 S상결장내시경검사, 대변잠혈반응검사, 대장내시경검사, 대장조영술 등이 있으며(3,5)[3,5] 특히 S상결장내시경검사와 FOBT는 검사방법이 간편하여 고전적인 대장암의 선별검사로 널리 시행되고 있어(6-10),[6-10] 두 검사를 병합하였을 때는 75.8%나 된다(11).[11] 두 가지 선별검사의 병합은 단독 검사보다 진단율은 높으나 24%의 진행성 대장 신생물을 진단하지 못하는 단점이 있다(11).[11] 초근 국내에서도 대장암에 대한 각 선별검사에 대한 권장안(12)[12]을 마련하려는 시도가 있으나 근거로 삼을 만한 국내 연구 자료는 거의 없는 실정이다. …………………

참고문헌

1) Byers T, Levin B, Rothenberger D, Dodd GD, Smith RA. American Cancer Society guidelines for screening and surveillance for early detecction of colorectal polyps and cancer. CA Cancer J Clin. 1997;47:154-60.

2) 한동수, 박준용, 조윤주, 이오영, 전용철, 손주현, 등. 대장암의 선별법으로서 분변내 잠혈검사의 비교. 대한소화기학회지. 1997;30:308-14.

3) Jackson LM, O'Gorman PJ, O'Connell J, Cronin CC, Cotter KP, Shanahan F. Thrombosis in inflammatory bowel disease: clinical setting, procoagulant profile and factor V Leiden. QJM. 1997;90:183-88.

4) Winawer SJ, Zauber AG. The advanced adenoma as the primary target of screening. Gastrointest Endosc Clin N Am. 2002;12:1-9.

5) 한동수. 검진대상의 선정 및 검사간격. 대한소회기내시경학회지. 2002;24:321-27.

6) 석기태, 김현수, 김정권, 김정민, 지명관, 지상원, 등. 진행성 대장 선종에서 S상결장내시경과 2회 면역화학 대변잠혈반응검사의 진단 민감도. 대한소화기내시경학회지. 2004;28:291-97.

7) Kronborg O, Fenger C, Olsen J, Jorgensen OD, Sondergaard O. Randomised study of screening for colorectal cancer with faecal-occult-blood test. Lancet. 1996;348:1467-71.

8) 박형동, 고용복. 궤양성 대장아마에서 병발한 대장암 1예. 외과학회지. 1986;31:524-30.

9) Selby JV, Friedman GD, Quesenberry CP, Jr, Weiss NS. A case-control study of screening sigmoidoscopy and mortality from colorectal cancer. N Eng J Med. 1992;326:653-57.

10) Bernstein CN, Blanchard JF, Houston DS, Wajda A. The incidence of deep venous thrombosis and pulmonary embolism among patients with inflammatory bowel disease: a population-based cohort study. Thromb

Haemost. 2001;85:430–34.

11) Isselbacher KJ, Epstein A. Disorders of mesenteric circulation. In: Braunwald E, Fauci AS, Kasper DL, Hauser SL, Longo DL, Jameson JL, editors. Harrison's principles of internal medicine. 15th ed. New Yorkk: McGraw-Hill; 2001. p. 1698–700.

12) 김원호. 대장암의 조기발견: 대상선정 및 진단방법. 제18회 대한소화기내시경학회세미나. 1998:33–44.

*대한소화기내시경학회지 2004;28:291–297을 부분발췌

■ 영어논문의 실예*

본 문

Congestive heart failure (CHF) is a chronic disease that is characterized by dyspnea and fatigue due to a reduced cardiac ejection fraction in association with cardiac hypertrophy. Abnormal cardiac function is responsible for the inability of the heart to supply adequate blood flow, and therefore oxygen delivery, to peripheral tissues and organs or to do so only with elevated filling pressures. Approximately 5 million Americans and 10 million Europeans have CHF (1,2).[1,2) Despite evidence-based advances in thetreatment of CHF over the past 15 y (2),[2) large observational studies have shown no substantial changes in the prognosis of patients with heart failure. Survival rates 5 y after a first diagnosis of CHF are still only 35?50% (3,4).[3,4) Heart transplantation is the ultimate therapeutic measure in patients with end-stage CHF.

The cause of heart failure is not fully understood. In recent years, the pathophysiologic concept of chronic heart failure has changed from an isolated hemodynamic view to a more complex concept involving neurohormonal overactivation and increased concentrations of proinflammatory cytokines, such as tumor necrosis factor (TNF-) and interleukin 6 (5,6).[5,6] In particular, TNF- may contribute to the pathogenesis and the progression of CHF (5,7).[5,7] Measures to attenuate the deleterious effects of TNF- on the progression of CHF may thus represent promising therapeutic approaches for its treatment (8,9).[8,9] Interestingly, experimental studies have shown that the vitamin D hormone calcitriol can suppress the release of TNF- (10).[10] Moreover, calcitriol effectively up-regulates the synthesis of the antiinflammatory cytokine interleukin 10 (IL-10) and induces IL-10 receptor expression in vitro (11).[11] ....

REFERENCES

1) Remme WJ, Swedberg K. Guidelines for the diagnosis and treatment of chronic heart failure. Eur Heart J. 2001;22:1527–60.

2) Jessup M, Brozena S. Heart failure. N Engl J Med. 2003;348:2007–18.

3) Bleumink GS, Knetsch AM, Sturkenboom MC, Straus SM, Hofman A, Deckers JW, et al. Quantifying the heart failure epidemic: prevalence, incidence rate, lifetime risk and prognosis of heart failure The Rotterdam Study. Eur Heart J. 2004;25:1614–9.

4) Levy D, Kenchaiah S, Larson MG, Benjamin EJ, Kupka MJ, Ho KK, et al. Long-term trends in the incidence of and survival with heart failure. N Engl J Med. 2002;347:1397–402.

5) Rauchhaus M, Doehner W, Francis DP, Davos C, Kemp M, Liebenthal C, et al. Plasma cytokine parameters and mortality in patients with chronic heart failure. Circulation. 2000;102:3060–7.

6) Swedberg K, Eneroth P, Kjekshus J, Snapinn S. Effects of enalapril and neuroendocrine activation on prognosis in severe congestive heart failure

(follow-up of the CONSENSUS trial). CONSENSUS Trial Study Group. Am J Cardiol. 1990;66:40D–4D.

7) Torre-Amione G, Kapadia S, Lee J, Durand JB, Bies RD, Young JB, et al. Tumor necrosis factor-alpha and tumor necrosis factor receptors in the failing human heart. Circulation. 1996;93:704–11.

8) Deswal A, Bozkurt B, Seta Y, Parilti-Eiswirth S, Hayes FA, Blosch C, et al. Safety and efficacy of a soluble P75 tumor necrosis factor receptor (Enbrel, etanercept) in patients with advanced heart failure. Circulation. 1999;99:3224–6.

9) Kubota T, Bounoutas GS, Miyagishima M, Kadokami T, Sanders VJ, Bruton C, et al. Soluble tumor necrosis factor receptor abrogates myocardial inflammation but not hypertrophy in cytokine-induced cardiomyopathy. Circulation. 2000;101:2518–25.

10) Zhu Y, Mahon BD, Froicu M, Cantorna MT. Calcium and 1alpha, 25-dihydroxyvitamin D3 target the TNF-alpha pathway to suppress experimental inflammatory bowel disease. Eur J Immunol. 2005;35:217–24.

11) Canning MO, Grotenhuis K, de Wit H, Ruwhof C, Drexhage HA. 1-alpha,25-Dihydroxyvitamin D3 (1,25(OH)(2)D(3)) hampers the maturation of fully active immature dendritic cells from monocytes. Eur J Endocrinol. 2001;145:351–7.

*American Journal of Clinical Nutrition. 2006;83(4):754–759의 부분 발췌

부록 1. 원고의 구성

부록 2. 온라인전용잡지형태

부록 3. PubMed를 이용한 참고문헌 정리

부록 4. 논문작성 지원 프로그램 소개

1. EndNote
2. RefWorks
3. Scholar's Aid

부록 1. 원고의 구성

표제지(title page)

1) 내용을 잘 전달하는 간결한 논문제목
2) 저자의 이름, 최종학위, 소속 기관명
3) 연구업적을 수행할 수 있게 한 기관이나 부서이름
4) 원고의 통신연락 책임 연구자명과 주소
5) 연구비, 실험설비, 의약품의 제공자와 기타 모든 형태의 후원자
6) 40자 이내의 난외표제(running head, running footline)

초록(abstract)과 주제어(색인어, key words)

1) 무정형초록(unstructured abstract)은 150단어, 정형초록(structured abstract)은 250단어를 넘지 않게 한다.
2) 초록은 연구의 목적, 기본적인 연구방법(연구 대상자 또는 사용 동물, 관찰 및 분석방법) 및 중요한 결론(연구에서 나타난 새롭고 중요한 사항을 강조)을 적는다.
3) 주제어(Key words)는 *Index Medicus*에 의한 의학주제표목표(MeSH–Medical Subject Heading)를 참조하여 3–10개를 기록한다. 그러나 적당한 단어가 없는 최근 개념의 용어는 연구자가 사용한 단어로 기록한다.

본문(Text, Manuscriptor)

서론 (Introduction)
연구방법 (Materials & Methods)
결과 (Results)
고찰 (Discussion)
결론 (Conclusion)

감사의 말씀(acknowledgements)

1) 저자가 아닌 논문내용의 지적인 기여자(고문, 연구 계획서 심사자, 자료수집, 임상시험 참여자 등)
2) 기술적으로 도움을 준 사람
3) 재정적 또는 물질적인 기여자
4) 이해 충돌이 예상되는 관계자 등에 그 뜻을 전한다.

참고문헌(References)

그림설명(Figure Legend), 표(Table)

*참조사항

측정단위:

1) 혈액학적 또는 임상화학적 측정치는 국제단위체계(International System of Units, SI)방식의 미터법으로 한다.
2) 길이, 높이, 무게 및 부피 측정치는 미터법(meter, kilogram liter)의 십배수로 기록한다.
3) 온도는 섭씨로 한다.
4) 혈압은 mmHg로 기록한다.

약어와 기호:

1) 약어는 표준약어만을 사용한다.
2) 논문제목과 초록에는 약어사용을 피한다.
3) 본문의 약어 사용은 처음 사용 약어에 정식명칭을 쓰고 약어를 표기해야 한다. 단 표준 측정단위의 약어는 예외로 한다.
4) 문장에 사용되는 부호(= + − ×)는 '빈칸 부호 빈칸' 형식으로 사용하고, −(hyphen)은 이음부호로 두 단어 사이를 붙여 사용한다.

부록 2. 온라인전용잡지형태

BMC(BioMed Central)저널에서는 176종을 온라인상에서 전체내용을 무료로 제공하고 있는 논문의 발췌(2006. 4. 12 現在)

본 문

To apply this logic, we infer mitotic age by measuring the errors that occur during genome replication. The idea is that replication errors surreptitiously record cell divisions, the number of errors being proportional to the number of divisions. Such molecular clock approaches are commonly employed to trace species ancestry [1], but conceivably somatic cell genealogies are also recorded within genomes. Sequences are initially similar in all cells but will become increasingly polymorphic owing to rare and random replication errors. In theory, ancestry may be inferred from polymorphisms sampled from any population, including somatic cells. Sequences rarely mutate, but epigenetic errors also exhibit somatic inheritance and methylation measurably accumulates atcertain CpG-rich regions during normal human aging [2,3]. The 5' to 3' order of CpG methylation provides binary information strings (i.e. "0" for unmethylated and "1" for methylated) or tags analogous to sequences, which appear to function as somatic molecular clocks [3]. In general, percent methylation is equivalent to mitotic age because our tags, like most CpG islands [4], are initially unmethylated.

REFERENCES

1. Bromham L, Penny D. The modern molecular clock. Nat Rev Genet. 2003;4:216224. doi: 10.1038/nrg1020. [PubMed] [Full Text]

2. Issa JP. CpG-island methylation in aging and cancer. Curr Top Microbiol

Immunol. 2000;249:101118. [PubMed]

3. Yatabe Y, Tavar� S, Shibata D. Investigating stem cells in human colon by using methylation patterns. Proc Natl Acad Sci USA. 2001;98:1083910844. doi: 10.1073/pnas.191225998. [Free Full text in PMC]

4. Bird A. DNA methylation patterns and epigenetic memory. Genes Dev. 2002;16:621. doi: 10.1101/gad.947102. [PubMed] [Free Full Text]

*e-Only 스타일로 최근 상업출판사의 반대 개념으로 나타난 학술정보 유통의 새로운 패턴이다. 프린터잡지는 존재하지 않고, 저자 개개인이 스스로 BMC(BioMed Central)관련저널로 잡지를 기고하여 상호심의를 거쳐 게재되는 형식으로 잡지 Impact Factor가 존재하고 많은 독자가 이용하고 있다.

*형식의 특이점은 기존 밴쿠버방식에서 DOI(Digital Objecter Identier), Link Source를 채기함으로 온라인상에서 접근을 도와주고 있다.

참조: BMC(BioMed Central) 홈페이지

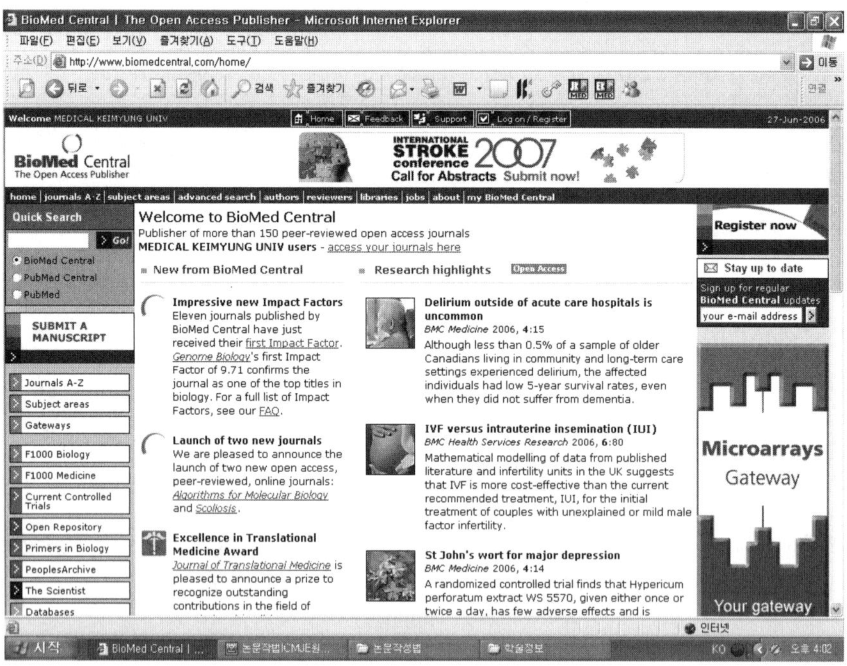

부록 3. PubMed를 이용한 참고문헌 정리

논문작성 시 주로 나타나는 참고문헌의 오류나 오기는 NLM에서 제공하는 PubMed의 **Single Citation Matcher**를 이용하면 이를 최소화할 수 있다.

PubMed www.pubmed.gov A service of the National Library of Medicine and the National Institutes of Health

1) Single Citation Matcher

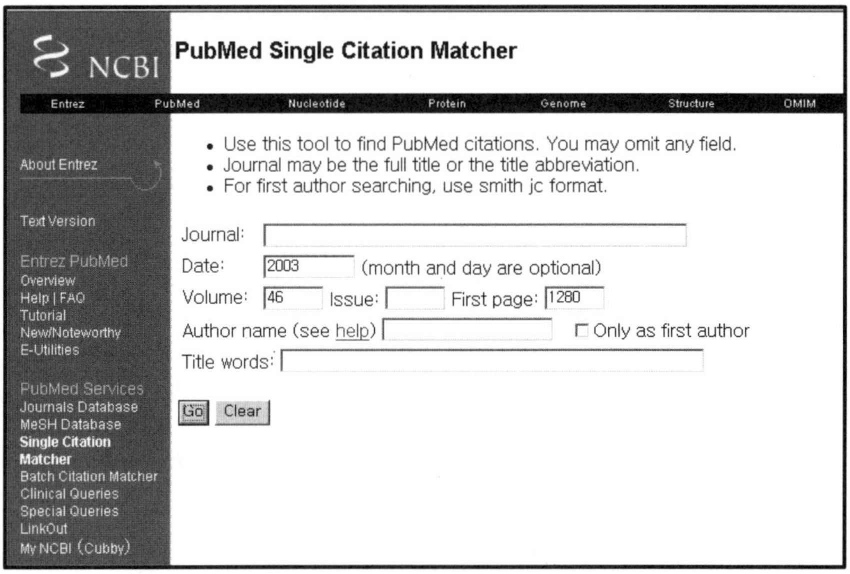

작업이 완료된 참고문헌의 내용을 완벽한 벤쿠버 방식으로 정리할 때 이용하는 기능이다. 알고 있는 잡지명, 권, 호, 시작페이지, 출판년도, 저자명, 논문의 제목 일부 등 선택하여 입력하기 쉬운 출판년도, 권, 호, 시작페이지 정보를 입력한다면 1~2개의 논문이 검색된다.

검색 후 **Send to Clipboard**로 참고문헌 모두 모은 뒤 **Send to Text**로 디스플레이하여 참고문헌에 자료를 붙이시면 밴쿠버 방식으로 정리되어 있으며, 보다 완벽한 서지사항이 만들어진다.

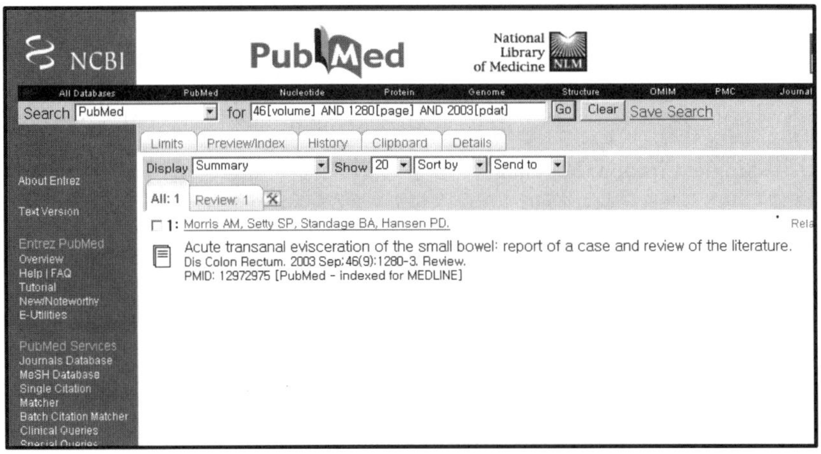

2) LocatorPlus

미국립의학도서관에서 제공하는 도서관목록서비스의 대표격인 LocatorPlus는 참고문헌으로 사용될 수 있는 모든 자료를 망라하여 검색할 수 있다.

검색방법은 Simple Search와 Advance Search로 검색가능한데 Advance Search란에는 35가지 검색항목의 조건을 AND로 조합 가능하여 편리하다. 검색항목에서 소장목록, 상세목록, MARC데이터로 접근 가능함으로 서지작성의 완벽을 기할 수 있다.

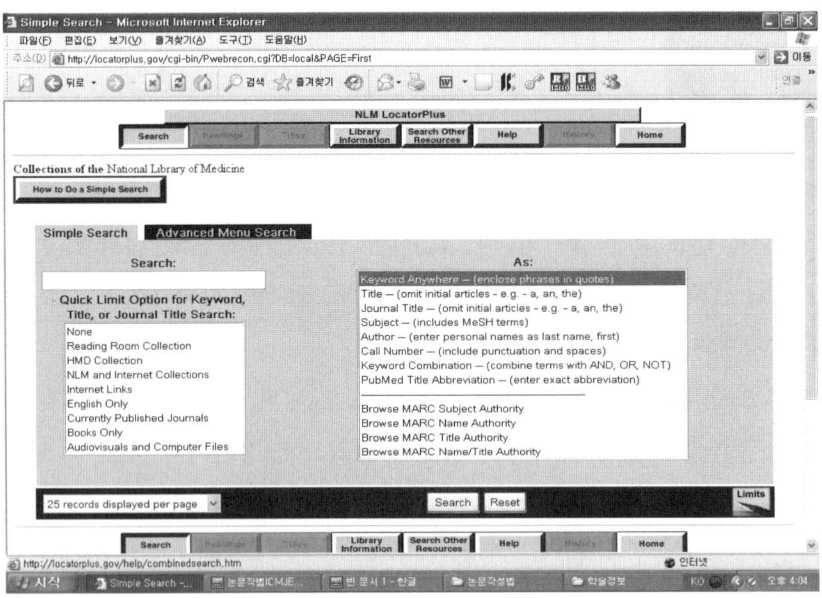

부록 4. 논문작성 지원 프로그램 소개

1. EndNote

EndNote

1) 소개

EndNote는 300백만 이상의 전 세계 연구자 및 서지 관리자, 학생 등이 사용하는 대표적인 서지관리 프로그램으로 윈도우 및 매킨토시에서 사용가능하며 다양하고 편리한 기능을 제공한다.

레퍼런스 수집과 논문작성에 유용한 참고문헌 서지관리 소프트웨어이며 ISI ResearchSoft사 제공하고 있으며, 현재 9.0버전까지 출시되며 8.0버전부터 유니코드 지원으로 한글입력이 가능하고 MS Word 2000, XP, 2003과 호환되고 있다. 데스크탑이나 노트북 등 개인PC에 설치하여 사용할 수 있고, 9.0버전 설치사양은 Windows 2000, XP 이며, Pentium 450MHz 이상, 256MB RAM, 180MB 이상 하드디스크 여유 공간이 있으면 설치가능하다.

2) 주요기능

· 서지정보, 그림, 표, PDF 등을 나만의 데이터베이스화해서 관리

· PubMed, Web of Science, ScienceDirect 등 외부 DB에서 검색한 레퍼런스를 EndNote에 반입 (Import, Connect, Direct Export, Export Citations) 가능하며

· MS Word에서, 인용한 레퍼런스 삽입과 참고문헌 리스트 자동생성 (Cite While You Write: CWYW) 투고할 저널에 따라 참고문헌 표기양식 일괄변경 (Format Bibliography, Output Styles) 가능하며

· 그림 및 표 삽입과 그림 및 표 리스트 자동생성

· Manuscript Templates를 이용한 편리한 논문작성 (일부 저널에 대해 투고규정에 따른 서식을 갖춘 MS Word 문서포맷 제공)

· Subject Bibliography 레퍼런스를 키워드 / 저자 / 연도 등으로 그룹화 후 인쇄

또는 파일 저장이 가능하다.

「Reference and Image Database」

이용자의 개인라이브러리에서 서지정보의 저장, 관리 및 검색이 가능하고, 또한 차트, 표, 그림, 방정식 등과 같은 이미지 정보를 키워드와 캡션정보를 이용해 관리할 수 있다.

「Bibliography and Manuscript maker」

Cite While You Write ™와 Microsoft® Word와의 완벽한 호환기능을 통해 논문작성 시 참고문헌, 그림 및 표 목차정보를 자동으로 생성해 준다.

또한 세계 유수저널에 대한 템플릿을 미리 제공하므로 해당저널에서 요구하는 논문형식에 맞추어 쉽고 빠르게 논문을 작성할 수 있다.

「EndNote Web Site」

EndNote 와 관련된 소식이나 정보는 웹사이트 http://www.endnote.com 에서 확인할 수 있다.

새롭게 추가된 기능 혹은 서지형식(output style), 템플릿 등을 업데이트 할 수 있으며, 현재 활발하게 활동하고 있는 E-mail forum인 endnote-interest group에 대한 정보도 제공한다.

Output Styles로 전체 2500여종의 저널별 참고문헌 표기형식을 지원하고 있으며. MS Manuscript Templates은 400여종으로 저널별 원고작성 서식문서(탬플릿)을 지원하고 있다.

3) 문제점

- 개인PC의 사양 및 개인PC에 설치되어 있는 다른 프로그램에 따른 에러발생 가능성
- 공동연구의 어려움 PC기반으로, 네트워킹 지원기능이 약해, 라이브러리나

저널 Output Style 공유가 불편함.

· 논문작성은 MS Word로만..아래아 한글 프로그램과는 호환되지 않음.

· 국내저널의 Output Style이나 Manuscript Templates은 지원되지 않음(개선중)

· 국내자료 수집관리의 어려움 KoreaMed, Medric 등에서 검색 후 일괄반입이 불가능하고, 개별 입력해야 함

4) 설치사양

「System Requirements」

· Windows 2000

· Windows ME

· Windows XP

「Hardware Requirements」

· Pentium 이상

· 16MB RAM

· 50 MB 이상의 free space

· EndNote 라이브러리(.enl)

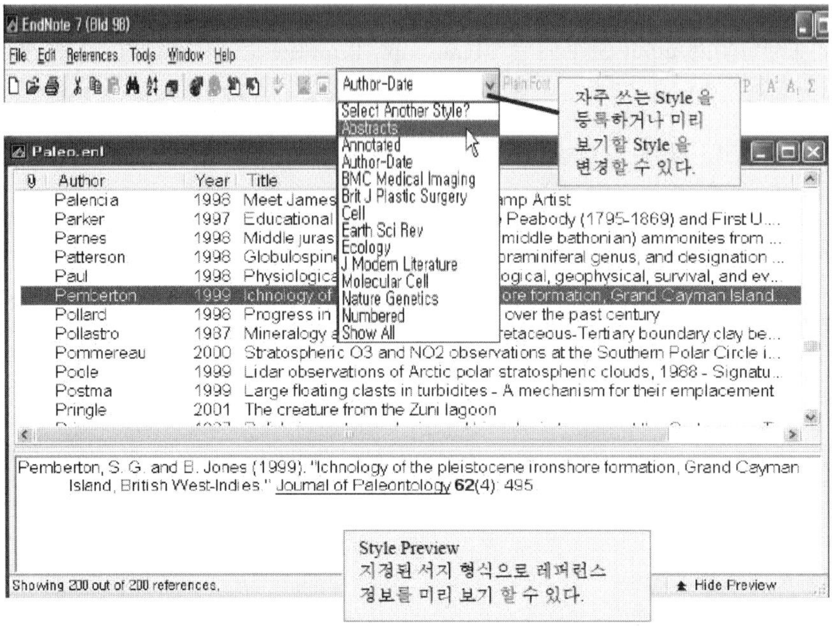

· MS Word로 작성한 논문 예

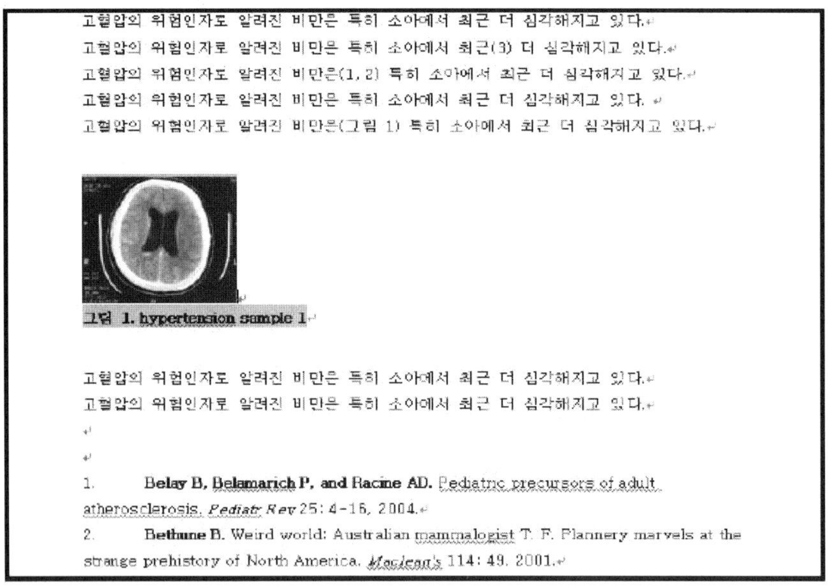
고혈압의 위험인자로 알려진 비만은 특히 소아에서 최근 더 심각해지고 있다.
고혈압의 위험인자로 알려진 비만은 특히 소아에서 최근(3) 더 심각해지고 있다.
고혈압의 위험인자로 알려진 비만은(1, 2) 특히 소아에서 최근 더 심각해지고 있다.
고혈압의 위험인자로 알려진 비만은 특히 소아에서 최근 더 심각해지고 있다.
고혈압의 위험인자로 알려진 비만은(그림 1) 특히 소아에서 최근 더 심각해지고 있다.

그림 1. hypertension sample 1

고혈압의 위험인자로 알려진 비만은 특히 소아에서 최근 더 심각해지고 있다.
고혈압의 위험인자로 알려진 비만은 특히 소아에서 최근 더 심각해지고 있다.

1. **Belay B, Belamarich P, and Racine AD.** Pedatric precursors of adult atherosclerosis. *Pediatr Rev* 25: 4-16, 2004.
2. **Bethune B.** Weird world: Australian mammalogist T. F. Flannery marvels at the strange prehistory of North America. *Maclean's* 114: 49, 2001.

· MS Manuscript Templates

미리 작성된 포맷을 이용한 손쉬운 논문 작성

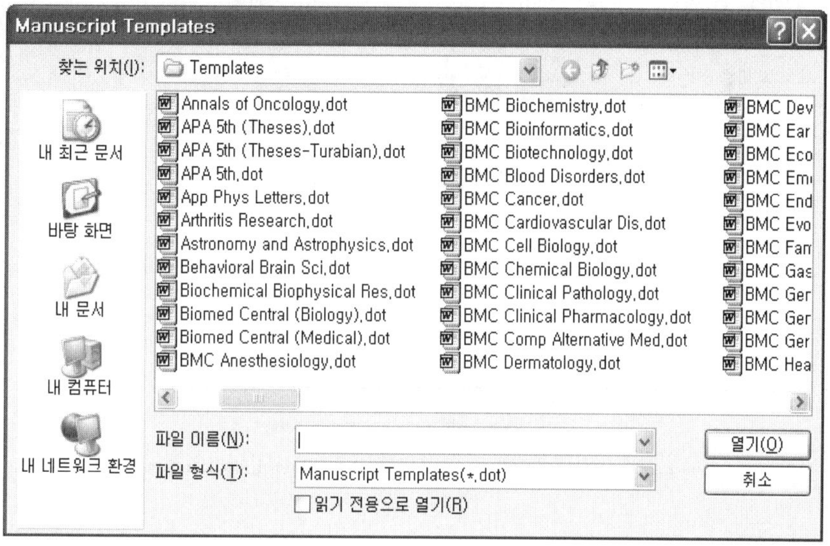

Templates를 이용하여 각 저널별 스타일에 맞는 논문 작성

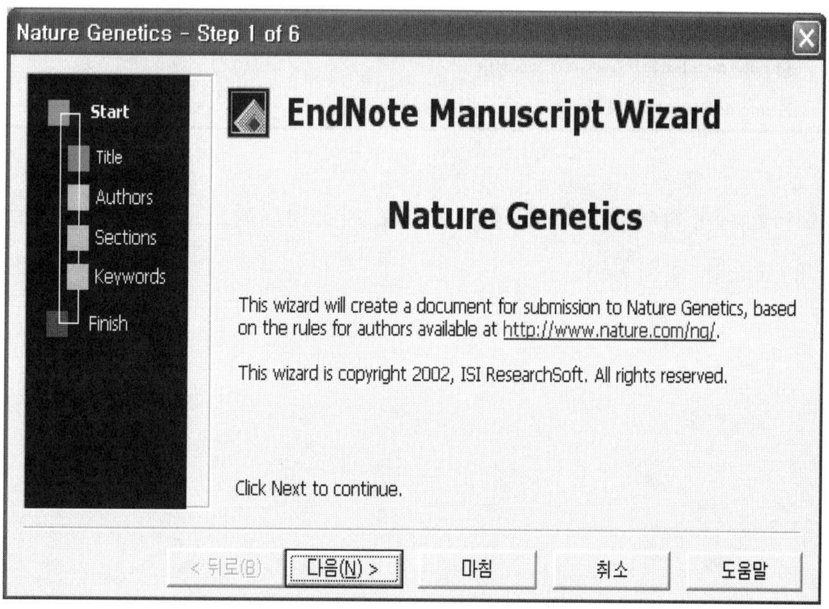

· Nature Genetics의 원고작성 서식

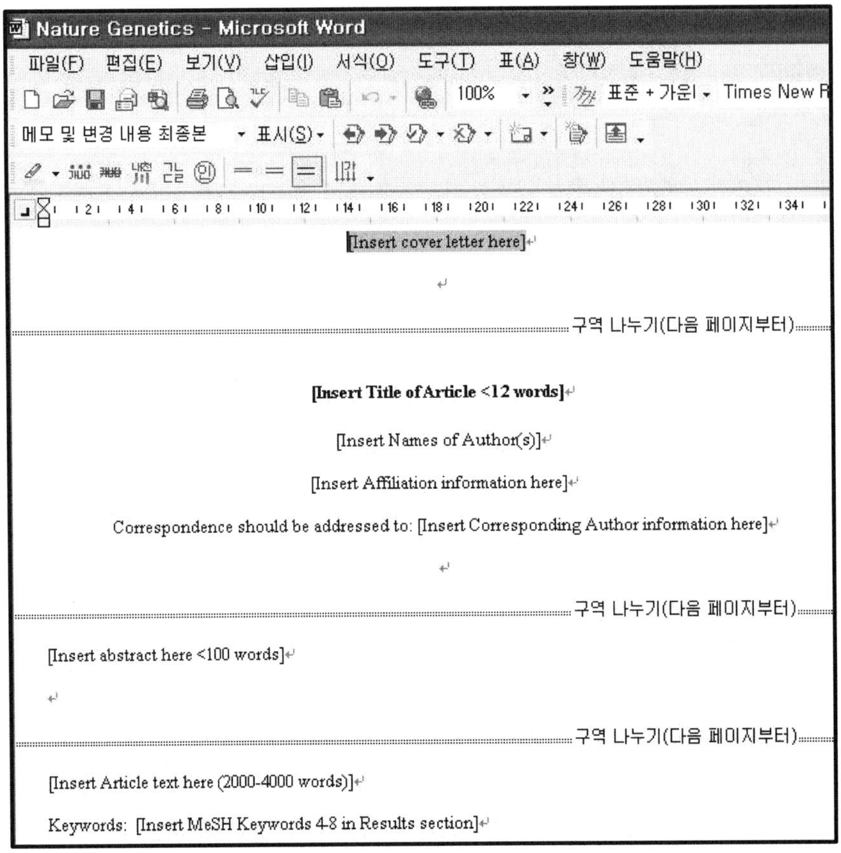

*templates을 이용하여 투고논문의 서식대로 자동처리되므로 작성자는 수동으로 논문의 내용을 삽입한다.

2. RefWorks

1) 개요

. 제공사 : Refworks

. 개인서지관리프로그램

. 이용 환경 : 인터넷이 가능한 장소 어디나

. URL : http://www.refworks.com

2) 특징

· 개인 서지 DB 구축 및 효율적 관리 : PubMed, ScienceDirect, PML 등 700여개 DB의 서지데이터 반입 및 개별 입력

· 국내외 유명 학술지의 참고문헌 및 각주 자동생성 : 350여개 해외학회지 및 10개 국내학회지 (계속 추가 중)

· LAN 외(자택, 출장중 등)에서도 접속

· 동시이용자수 무제한

· 별도 프로그램 설치 필요 없이 인터넷 접속이 가능한 장소에서는 이용 가능

· 개인이 구축한 서지 DB내 검색 가능

· 동료 연구자들과의 개인 DB 공유 가능

· 메뉴의 언어 선택 가능 (한국어, 영어, 스페인어, 프랑스어, 중국어, 일본어)

· 접속 통계 제공 및 이용자 현황 파악

3) 주요기능

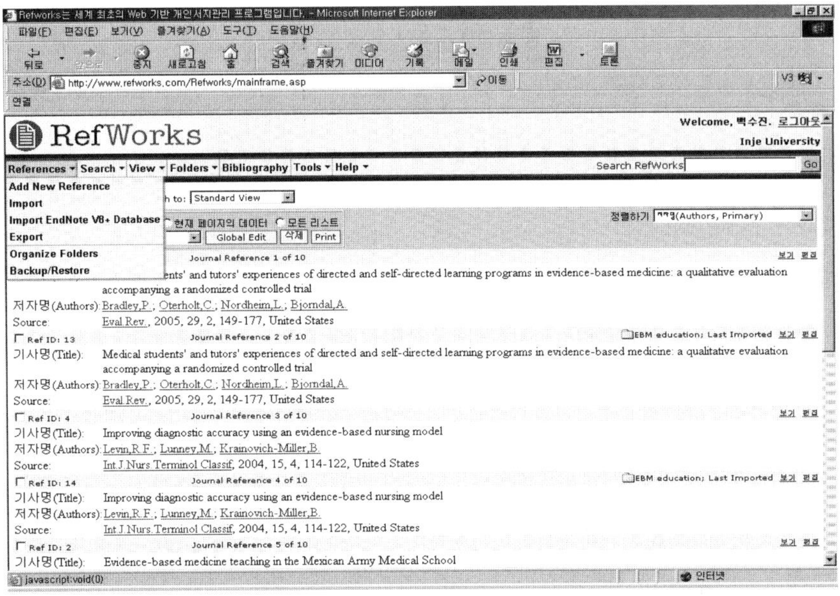

「References」

· Add New Reference : 새로운 서지데이터를 직접 입력

· Import : 'PubMed' 등 다른 DB에서 다운로드 받은 서지데이터 반입 (90여 출판사의 700여 DB 가능)

· Import EndNote VB+ Database : EndNote를 이용하여 데이터 반입

· Export : Refworks의 데이터를 다른 서지관리도구에서 사용할 수 있도록 파일로 반출

· Organize Folders : 현재 폴더리스트 표시 및 폴더를 생성, 변경, 삭제

· Backup/Restore : Refworks에서 관리하고 있는 데이터를 백업하거나 PC에 저장해둔 데이터를 불러옴

「Search」

· Advanced : Refworks에 저장된 데이터 검색

· Lookup by Author : 저자명으로 검색

· Lookup by Descripter : Descripter로 검색

· Lookup by Periodical : 저널명으로 검색

· Online Catalog or Database : Z39.50을 지원하는 도서관 OPAC이나 웹DB의 데이터를 검색하여 반입

「View」

· Folder : 현재 폴더리스트 표시 및 해당폴더로 이동

· All References : 폴더 구분없이 모든 서지데이터를 보여줌

· My List : 특정데이터를 My List에서 관리

· Duplicates : 중복데이터를 제외한 서지데이터를 보여줌

「Folders」

· Folder : 현재 폴더리스트 표시 및 해당폴더로 이동

· All References : 폴더 구분없이 모든 서지데이터를 보여줌

· My List : 특정데이터를 My List에서 관리

· Duplicates : 중복데이터를 제외한 서지데이터를 보여줌

「Bibliography」

· 350여 해외학회지 및 10개 국내학회지 참고문헌 리스트 자동 생성

「Tools」

· Write-N-Cite : 논문작성시 인용문헌 삽입을 위해 사용하는 프로그램

· Backup/Restore : Refworks에서 관리하고 있는 데이터를 백업하거나 PC에 저장해둔 데이터를 불러옴

· Import EndNote VB+ Database : EndNote를 이용하여 데이터 반입

· Export Reference : Refworks의 데이터를 다른 서지관리도구에서 사용할 수 있

도록 파일로 반출

· Sharing : 폴더 공유
· View Duplicates : 중복데이터를 제외한 서지데이터를 보여줌
· Search Online Catalog or Database : Z39.50을 지원하는 도서관 OPAC이나 웹DB의 데이터를 검색하여 반입
· Preview Output Style : Output Style 미리보기
· Language : Refworks 메뉴를 다른 언어로 변경
· Update User Information : 사용자 개인정보 변경
· Customize : 데이터 출력형식이나 정렬방식 등을 개인이 원하는 형식으로 설정

4) 장·단점

· 장점 (1) 타 프로그램에 비하여 구독료 저렴
(2) LAN 외(자택, 출장중 등)에서도 접속
(3) 동시이용자수 무제한
(4) 별도 프로그램 설치 필요 없음
(5) 동료연구자들과의 개인 DB 공유 가능
(6) 기능 추가시 프로그램 업데이트 필요 없음
(7) 해외 도서관 소장자료 검색후 반입 가능

· 단점 (1) MS-Word 문서만 가능(아래한글 불가)
(2) 국내 DB로부터의 데이터 반입 불가
(3) 국내학술지 투고형식 불안정
(4) 차트, 그림 데이터 관리 불가

3. Scholar's Aid

1) 개요

Scholars's Aid사에서 개발하였다. 현재 버전은 Scholars's Aid 4PRO로 설치사양은 Window 98 이상이면 가능하다.

2) 주요기능

(1) 자체 검색 엔진으로 PubMed, ScienceDirect, Embase, KoreaMed, Z39.50 이용 (국회도서관, 해외 도서관 등)

(2) 외부 DB 에서 검색한 결과의 저장 및 관리

· 검색 결과 저장 후 Import 기능 : KoreaMed, NDSL, PubMed, Riss4U, YesKisti 등

· 검색 결과의 Direct Export 기능 : OVID, Web of Science, 전자잡지 DB 등

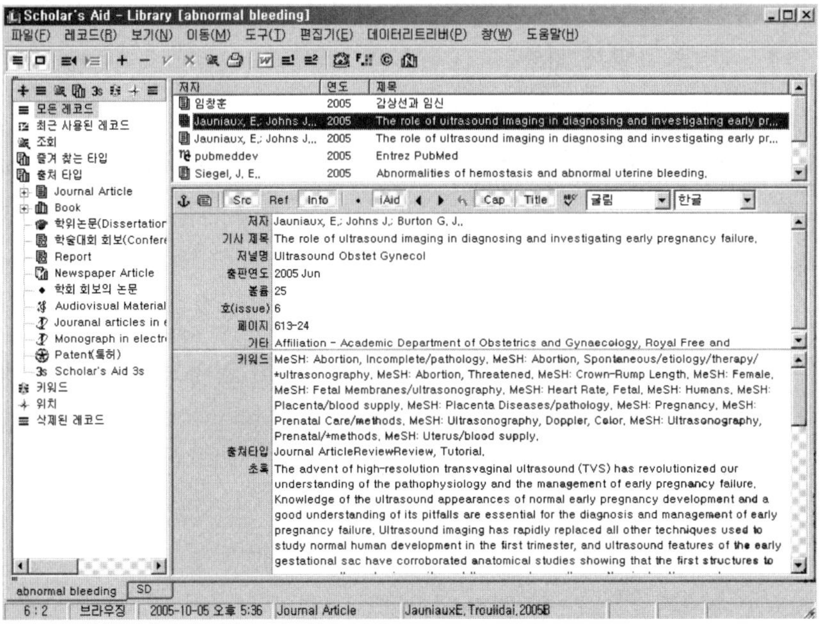

(3) 참고문헌관리 기능

· 저자, 제목, 연도, 출판사, 키워드 등 필드 검색

· 저장한 키워드를 이용한 검색 : 주제, 저자, 출판사별 관리에 이용

· 원문이 있는 경우 URL이나 파일 연결

· 개별 논문의 상세 정보 : 필드 수정, 기타 필요한 정보 입력

(4) 논문작성

(5) 노트모듈 - 연구 주제 중심의 체계적인 자료 관리

· 폴더, 키워드 이용 형태별 자료 관리

· 일반 노트 : 일반, 인용, 요약, 착상, 용어 노트

· 웹노트, 표노트, 그림 노트 등 멀티미디어 자료 관리

3) 장·단점

· 장점 (1) 이용자 요구 수렴 : 요청에 따라 기능 원고 서식 · 참고문헌 스타일 추가, 온라인 DB 연결

(2) KoreaMed, NDSL, Riss4U, YesKisti 등 국내 논문 검색 DB 이용 가능

(3) 네트워크로 자료 공유 : 공유 폴더에 ID, PW를 부여하여 이용자에 따른 차별화 가능

(4) MS Word, 아래 한글 2004 사용

(5) 다른 S/W 이용자가 작성한 자료 입수 : EndNote, Reference Manager, Procite

· 단점 (1) 중복된 참고문헌의 삭제는 검색 후 수동으로 삭제해야 함

(2) 국내 의학 학회지는 학회별 규칙 적용의 상이로 사례 확인 필요 : 학회의 구체적인 투고 양식 결여 (저자 수, 구두점 사이 띄어쓰기 등)

<표 3> 통 용 약 어

a.m. = before noon(L: ante meridiem)	in. = inch, inches
anal. = analysis	no., nos. = number, numbers
c., ca. = about(L: circa)	p., pp. = page, pages
ch. = Chapter	p.m. = after noon(L: post meridiem)
ed. = edition	para, paras = paragraph(s)
Ed., Eds. = Editor, Editors	pt., pts. = part(s)
e.g. = for example(L: exempli gratia)	ref(s) = reference(s)
et al. = and others(L: et alii)	rev. = revised
etc. = and so forth(L: et cetera)	suppl. = Supplement
fig., figs. = figure(s)	U.K. = United Kingdom
i.e. = that is(L: id est)	U.S. = United States
ill., ills. = illustrator(s)	vol. = volume

찾아보기